Et si les SDF
n'étaient pas des exclus ?

Questions Contemporaines
Collection dirigée par J.P. Chagnollaud, B. Péquignot et D. Rolland

Chômage, exclusion, globalisation... Jamais les « questions contemporaines » n'ont été aussi nombreuses et aussi complexes à appréhender. Le pari de la collection « Questions contemporaines » est d'offrir un espace de réflexion et de débat à tous ceux, chercheurs, militants ou praticiens, qui osent penser autrement, exprimer des idées neuves et ouvrir de nouvelles pistes à la réflexion collective.

Dernières parutions

Nicole PERUISSET-FACHE, *La modernisation de l'Ecole*, 2005.
A. Léon COLY, *Vérité de l'histoire et destin de la personne humaine*, 2005.
Bernard SERGENT, *La Guerre à la culture*, 2005.
Frédéric COUSTON, *L'écologisme est-il un humanisme ?*, 2005.
Harold BERNAT-WINTER, *Prométhée déchaîné. Qui a peur de l'individu ?*, 2005.
Stéphane RULLAC, *Et si les SDF n'étaient pas des exclus ?. Essai ethnologique pour une définition positive*, 2004.
Thierry DEBARD et François ROBBE (sous la dir.), *Le caractère équitable de la représentation politique,* 2004.
Jacky CHATELAIN, *Pourquoi nous sommes européens*, 2004.
Bonnie CAMPBELL (dir.), *Qu'allons-nous faire des pauvres ?*, 2004.
Jacques BRANDIBAS, Georguis GRUCHET, Philippe REIGNIER et al., *La Mort et les Morts à l'île de la Réunion, dans l'océan indien et ailleurs*, 2004
Philippe BRACHET, *Evaluation et démocratie participative*, 2004.
Raphaël BESSIS, *Dialogue avec Marc Augé*, 2004.
L. FOURNIER-FINOCHIARRO (sous la dir.), *L'Italie menacée : Figures de l'ennemi, du XVIe au XXe siècle*, 2004.
Denis FRESSOZ, *Décentralisation « l'exception française »*, 2004.
Eguzki URTEAGA, Igor AHEDO, *La nouvelle gouvernance en Pays Basque*, 2004.
Xavier CAUQUIL, *À ceux qui en ont assez du déclin français*, 2004.
Mathias LE GALIC, *La démocratie participative*, 2004.
Jean-Paul SAUZET, *Marché de dupes*, 2004.

Stéphane Rullac

Et si les SDF n'étaient pas des exclus ?

Essai ethnologique pour une définition positive

L'Harmattan
5-7, rue de l'École-Polytechnique
75005 Paris
FRANCE

L'Harmattan Hongrie
Könyvesbolt
Kossuth L. u. 14-16
1053 Budapest

L'Harmattan Italia
Via Degli Artisti, 15
10124 Torino
ITALIE

Du même auteur :

Les bons samaritains : avec les équipes mobiles du SAMU Social de Paris, Editions du Labo EMC, Collection Ethnologie(s) en herbe, Paris, 2003.

L'urgence de la misère : SDF et SAMU Social, Editions des Quatre Chemins, Paris, 2004

© L'Harmattan, 2005
ISBN : 2-7475-7886-0
EAN : 9782747578868

Introduction

La population des Sans Domicile Fixe (SDF) est l'objet d'un intérêt renouvelé depuis une dizaine d'années. De nombreuses recherches récentes en sciences sociales sont dédiées aux sans-logis et leurs publications rencontrent régulièrement un accueil favorable auprès du grand public. Le succès en librairie des « naufragés » de Patrick Declerck[1] illustre cet engouement qui dépasse le cercle restreint des spécialistes de la question.

Au-delà d'un simple intérêt, cette question est devenue un véritable enjeu de société comme en témoigne sa médiatisation importante mais néanmoins saisonnière. En effet, c'est principalement à l'occasion des grands froids, ou des grandes chaleurs comme ce fut le cas pendant l'été 2003, que les journalistes multiplient les reportages pour témoigner des conditions difficiles auxquelles les SDF doivent faire face. Les nombreuses morts par hypothermie (ou par hyperthermie) sont alors systématiquement relayées et dénoncées comme des drames nationaux. Pourtant, ces mêmes drames humains au printemps ou en automne ne sont jamais évoqués aux journaux télévisés alors que le risque de mortalité dans les rues est aussi important que l'hiver[2]. De la même façon, en dehors des

---

[1] Declerck P., *Les naufragés, Avec les clochards de Paris*, Plon, Collection Terre humaine, Paris, 2001.
[2] Les périodes de demi-saison sont également dangereuses car l'amplitude thermique entre le jour et la nuit est souvent importante et peut provoquer des chocs sur des organismes affaiblis par la fatigue, le manque d'alimentation et la maladie. En 2000, 86 SDF ont été retrouvés morts tout au long de l'année à Paris et dans la petite couronne parmi lesquels moins d'un quart sont décédés en hiver. (Le Monde daté du 11 avril 2001).

rigueurs climatiques, le quotidien difficile des SDF ne semble plus émouvoir. La couverture médiatique dont fait l'objet la population SDF est donc partielle et orientée vers le spectaculaire. Cependant, si elle ne contribue pas réellement à une meilleure connaissance des réalités ordinaires et quotidiennes de la vie des SDF, elle accentue leur visibilité et contribue à leur prise en compte par les décideurs politiques.

Enjeu de société, la population SDF est aussi un enjeu politique au point de contribuer à faire ou à défaire des destins présidentiels. En 1995, Jacques Chirac, candidat à l'élection présidentielle, a fondé sa campagne et son projet politique sur la lutte contre la « Fracture Sociale » avec le succès que l'on connaît. Ce slogan reprenait une notion développée en 1985 par Emmanuel Todd[3] qui analysait le désarroi populaire se développant en France, causé, selon lui, par des mécanismes d'exclusion. C'est dans le contexte de cette course à l'Elysée que le candidat, alors Maire de Paris, a fortement soutenu le projet du SAMU Social qu'il a inauguré le 22 novembre 1993. Sans préjuger des motivations humanistes du candidat Chirac, le projet du SAMU Social de Paris a contribué à la valorisation de son bilan municipal dans un contexte de course à la présidence. D'autres après lui ont également compris l'intérêt électoral d'un tel projet. Quelques

---

[3] Anthropologue, démographe et historien, Emmanuel Todd a publié plusieurs articles, livres, et la note rédigée en 1995 pour la Fondation Saint-Simon sur la « fracture sociale » qui lui a valu une renommée qu'il ne revendique pas, comme l'indique sa déclaration dans Le Monde du 17 septembre 2001 : « J'ai de quoi être honteux de ce que Chirac a fait de mes idées ». Créée en 1985, la Fondation Saint-Simon a pour objectif de « développer l'analyse du monde contemporain ». Une petite centaine de membres cooptés participent à des rencontres régulières à huis clos (politiques, universitaires, directeurs de presse, chefs d'entreprise).

semaines plus tard, Edouard Balladur, Premier Ministre en exercice et candidat à la présidentielle, a créé à son tour trente SAMU Sociaux en province, avant évaluation du projet initial. En 2002, le candidat Lionel Jospin s'est engagé dans le cadre de sa campagne à tenir l'objectif, s'il emportait les élections, du « zéro SDF » en 2007. Ce slogan jugé irréaliste et ambigu sur la méthode participa à sa décrédibilisation dans la course à l'Elysée[4]. Enfin, en nommant Dominique Versini, alors Directrice Générale du SAMU Social depuis sa création, au poste de Secrétaire d'Etat chargée de la lutte contre la précarité et l'exclusion en mai 2002, Jacques Chirac a symboliquement signifié l'importance que représentait pour lui l'action auprès de la population SDF. C'est d'ailleurs ce que la nouvelle Secrétaire d'Etat sous-entendait le 9 mai 2002 dans un entretien avec la Voix du Nord : « *La forte volonté politique du président de la République de s'attaquer aux problèmes de fond de l'exclusion et de la pauvreté. (...) Cette mission est le prolongement de l'action de terrain que je mène au SAMU Social. (...) J'espère pouvoir apporter le poids de mon expérience et, au-delà du sauvetage quotidien, pouvoir faire bouger les rigidités et favoriser l'adaptation des institutions aux nouvelles réalités de l'exclusion* ».

De plus, la nature du débat a changé en sortant d'une logique essentiellement répressive au profit d'une logique assistancielle. Ce changement récent qui s'est institué dans la loi avec la suppression du délit de vagabondage en 1994 dans le nouveau Code Pénal[5] est fondamental pour comprendre la modification de paradigme qui institue le

---

[4] L'intervention de Lionel Jospin a suscité de très nombreux articles de journaux dont quelques références se trouvent dans la bibliographie.
[5] Entré en application le 1er mars 1994.

SDF contemporain comme une victime. La création officielle en décembre 1994 du SAMU Social de Partis est une application emblématique de cette nouvelle approche. Pour autant, toute idée de répression n'a pas totalement disparu. Aujourd'hui, elle est essentiellement le fruit d'arrêtés municipaux basés sur le droit administratif : anti-mendicité, anti-bivouac, interdiction de boire dans la rue, etc. L'adoption le 18 mars 2003 du délit de mendicité agressive[6] et les quelques « prises en charge d'autorité » policière de sans-logis en janvier 2003[7], sont des exemples qui témoignent des tentations gouvernementales de revenir à un traitement de la « question SDF » sur le mode répressif.

La « question SDF » fait ici référence au titre d'un ouvrage de Julien Damon[8] qui propose une critique sociologique des dispositifs actuels pensés pour les SDF. Dans ce sens, cette expression renvoie à toutes les questions que pose l'existence d'une population SDF dans les villes et plus particulièrement aux difficultés que notre société rencontre lorsqu'elle essaye de penser et d'apporter une aide à ces populations. Cette formulation neutre est préférée dans ce livre à celle du « problème SDF » qui, si elle témoigne également des interrogations

---

[6] Loi pour la sécurité intérieure du 18 mars 2003. « Art. 312-12-1. - Le fait, en réunion et de manière agressive, ou sous la menace d'un animal dangereux, de solliciter, sur la voie publique, la remise de fonds, de valeurs ou d'un bien est puni de six mois d'emprisonnement et de 3 750 EUR d'amende. »

[7] Le 08 janvier 2003, le préfet de police de Paris a donné des consignes pour que les sans-abri soient pris en charge « d'autorité » par les pompiers et les policiers suite à deux décès qui portaient à neuf le nombre de victimes du froid en France, dont six pour la seule région parisienne. A Paris, 341 sans-abri, dont 228 pour la seule nuit de 09 au 10 janvier, ont été pris en charge d'autorité.

[8] Damon J., *La question SDF*, PUF, Collection Le Lien social, Paris, 2002.

et des difficultés que rencontre la société pour appréhender la population SDF, la connote négativement.

Au cœur de cette mobilisation, les sans-abri interrogent moins pour eux-mêmes que pour les questions que leurs existences soulèvent dans notre environnement social. Ainsi, le corps social s'interroge régulièrement à travers de nombreuses recherches sur ses responsabilités, ses actions et ses motivations (humanisme, idéologie, désir de réparation, régulation sociale, assainissement social, etc.). La relation d'assistance telle qu'elle est pensée, organisée et menée dans notre pays fait régulièrement l'objet d'un intérêt particulier. Dans le cadre de ces préoccupations, les SDF sont souvent des objets d'étude « en creux » qui permettent au chercheur de mieux comprendre sa société, sans pour autant améliorer significativement la connaissance de cette population. De ce fait, si les différences de mode de vie des SDF et les « avec » domicile fixe (ADF), sont constatées, elles sont peu étudiées pour elles-mêmes mais davantage comme des symptômes qui questionnent l'appartenance des sans-logis au reste de la société. Finalement, beaucoup de ces recherches tentent d'évaluer dans quelle mesure les SDF, de par leur mode de vie particulièrement différent, appartiennent encore à la société et dans quelle mesure ils peuvent être considérés comme « les exclus des exclus ».

Cet essai s'inscrit dans une volonté de dépasser l'intérêt trop souvent en « creux » que suscitent les sans abri et de proposer une alternative à une certaine compréhension de la « question SDF » - que nous tenterons de définir - qui, lorsqu'elle est poussée à son extrême, est capable d'affirmer que les personnes sans-logis sont tous des malades mentaux et/ou une population sans culture qui n'offre aucune vie à observer. Dans ce contexte très particulier, les SDF demeurent méconnus dans leur vie quotidienne et, surtout, dans les ressources qu'ils mobilisent pour s'adapter à un environnement urbain qui dans une large mesure ne prévoit par leur existence.

Ainsi, je m'intéresse aux stratégies développées par les SDF que l'Institut National d'Etudes Démographiques (l'INED) définit comme « *les personnes qui pendant la période d'observation trouvent un toit dans les centres d'hébergement d'urgence ou de plus longue durée – centres d'hébergement et de réinsertion sociale (CHRS), hôtels sociaux, etc. – ou dorment dans l'espace public et dans les lieux non prévus pour l'habitation*[9] ». Cette définition regroupe sous une même appellation des populations hétérogènes qui deviennent à ce titre un objet d'étude problématique. En effet, qu'y a-t-il de commun entre une personne qui vit constamment sur un trottoir et une autre hébergée la plupart du temps dans un centre d'hébergement d'urgence ? Qu'y a-t-il de commun entre un SDF qui vit de la manche et un autre qui occupe un travail salarié ? Ce genre d'interrogations peut être multiplié à l'infini sans pour autant réussir à déterminer à un autre point commun que celui de ne disposer d'aucun logement privatif. Pour autant, ce plus petit dénominateur commun est-il suffisant pour considérer les SDF comme un groupe à part entière ? Avant de tenter de répondre à cette question, il me semble important de ne pas rejeter, sans autre forme de procès, le sigle « SDF » ; à défaut d'être opérant pour comprendre la réalité des populations désignées, son succès populaire et médiatique indique comment ces dernières sont perçues par ceux qui les observent et les côtoient au quotidien.

---

[9] Firdion J.-M., Marpast M., Bozon M., *La rue et le foyer*, PUF, Cahier de l'INED 144, Paris, 2000.

Au-delà de leur dénomination, question que nous aborderons, je me suis intéressé aux SDF qui acceptent l'assistance du SAMU Social de Paris et à ceux qui vivent dans une partie du 14ème arrondissement. Entre mai 2001 et juin 2003, j'ai passé 150 nuits à travailler dans les camionnettes de l'institution parisienne (Equipe Mobile d'Aide) qui circulent toutes les nuits à la recherche des SDF[10]. Éducateur spécialisé de formation, j'ai occupé un poste de travailleur social dans ces équipes. Ensuite, entre août 2003 et juin 2004, je suis allé à la rencontre des SDF de mon quartier d'habitation qui se situe dans le 14ème arrondissement de notre capitale. C'est à travers ces deux terrains d'observation que je me propose de questionner les stratégies qui permettent aux SDF parisiens de vivre « hors-piste ».

Ce livre repose sur l'hypothèse que les SDF appartiennent *a priori* à l'environnement culturel qui les entoure, même s'ils se distinguent par leurs modes de vie. Ainsi, je prend le parti de ne pas « tribaliser » les SDF mais de décrire et de caractériser une composante de notre culture contemporaine, à la fois dans ses pratiques et dans son éventuelle cohérence groupale, mais aussi dans les relations qu'elle entretient avec son environnement. Ainsi, les SDF parisiens ne représentent pas une culture particulière mais un élément actuel particulier de l'univers culturel auquel nous appartenons également et qui participe à sa diversité. Ce questionnement est déterminant pour évaluer en quoi les SDF parisiens constituent un groupe d'acteurs sociaux rationnels inclus dans la société et en capacité d'opérer des choix en inventant un mode de vie qui n'est enseigné par aucune école de la République.

---

[10] Rullac S., *L'urgence de la misère : SDF et SAMU Social*, Les quatre chemins, Paris, 2004.

Les limites de la notion d'exclusion appliquée au SDF

Chaque rencontre avec un SDF est une source de malaise dans la mesure où deux sentiments contradictoires se manifestent alors. Celui, d'une part, de la compassion en face de la souffrance humaine dont la visibilité, comme nous le verrons plus tard, est un élément clé de la relation que les SDF entretiennent avec leur environnement. D'autre part, vient le sentiment de rejet envers des individus dont l'aspect, les modes de vie et les comportements ne sont plus conformes aux conventions sociales dominantes. Ces comportements déviants, par rapport à la norme culturelle, font du SDF un « délinquant social » qui, à ce titre, représente un danger comme le souligne Patrick Declerck[11] : « *Le clochard, comme le criminel, le toxicomane et la prostituée, est une des grandes figures de la transgression sociale. Il est la figure emblématique de l'envers ricanant de la normalité et de l'ordre social. Il en est le bouffon et le négatif. Il en est, de par son existence même, le radical critique. De plus, il présente l'apparence d'être libre, sans attache et sans obligation. En cela, il est le séducteur. En cela, il est dangereux.* ». De plus, sa vie quotidienne étalée aux yeux de tous questionne profondément les limites de la résistance humaine telle que nous l'expérimentons quotidiennement. En effet, comment concevoir, lorsque l'on n'est pas SDF, qu'il soit possible de se priver d'un logement, d'un lit, de douches, d'hygiène, d'intimité, de possessions ou d'un travail ? Qui peut imaginer être

---

[11] *Les naufragés, op. cit.*, p. 347.

capable, quand il ne l'a jamais vécu, de le supporter et même d'y survivre ? Et pourtant, ces privations constituent le lot quotidien de milliers de SDF qui les supportent parfois pendant de longues années. Ainsi, la personne sans-logis défie les règles sociales tout en questionnant profondément les représentations des besoins et des limites individuelles ; souvent dans la souffrance et parfois jusqu'à la mort. De ce fait, le SDF peut être considéré comme un « sauvage intégral » dans la mesure où il s'est défait des valeurs qui constituent le cœur de l'identité culturelle dominante mais, loin de vivre au bout du monde ou dans une forêt (racine latine du mot sauvage), il habite le cœur urbain et en connaît la plupart du temps tous les recoins pour y être né ou l'avoir suffisamment pratiqué ; en ce sens, il appartient à la communauté des parisiens et donc des urbains. Pour finir, il est également possible de considérer la personne SDF comme un anachronisme vivant tant elle représente l'une des spécificités urbaines contemporaines tandis que son existence contrarie l'idée que nous nous faisons du progrès qui caractériserait notre évolution. Malgré notre modernité, l'existence d'une population SDF aujourd'hui comme hier (et avant-hier) vient contredire notre certitude de maîtrise des fléaux sociaux séculaires. Le SAMU Social est précisément une réponse qui invite, par une analogie positive au SAMU médical, à croire que notre société moderne est en mesure d'aborder la problématique SDF avec un outil qui relève de la haute technicité. Dans les faits, les Equipes Mobiles d'Aide qui circulent toutes les nuits dans Paris n'utilisent aucune technicité de pointe mais contribuent par leur visibilité à remplir une fonction de réparation d'une image sociale malmenée par l'existence de SDF[12].

---

[12] Pour un questionnement de la fonction sociale du SAMU Social de

Ces sources de malaise, voire de souffrance en face de trajectoires de vie souvent morbides, sont à la fois angoissantes pour l'observateur et inhérentes à toute rencontre avec des sans-abri. À mon sens, tout observateur de cette réalité est plongé dans une sorte de « bogue » de la pensée qui contrarie son appréhension de la réalité et le plonge dans un profond désarroi. Un bogue informatique, c'est « un défaut de conception ou de réalisation, se manifestant par des anomalies de fonctionnement » (Le Robert). L'analogie du « bogue » permet d'illustrer le blocage qu'est susceptible d'éprouver l'observateur qui s'intéresse à la population SDF. Il ne s'agit pas ici d'affirmer que les SDF seraient des « défauts de programmation » à éliminer du système mais de représenter le caractère péniblement surmontable des difficultés à penser auxquelles l'observateur est confronté.

Les conséquences possibles de ce « bogue culturel » lié à la « question SDF » sont nombreuses et se manifestent à travers diverses recherches en sciences sociales. Un premier effet de ce « bogue » est de cantonner l'observateur à un mode d'observation et d'analyse qui le protège en tant que personne et être social appartenant à une communauté. Cette méthode que je qualifie « d'observation idéologisante » consiste à adopter systématiquement une vision ethnocentrique en interprétant la réalité observée en fonction des valeurs de l'observateur. D'après moi, c'est cette logique qui est à l'œuvre dans les travaux récents qui concluent que les SDF sont tous des malades mentaux[13] : il est plus facile de considérer les SDF comme des fous ou des sauvages

---

Paris, il possible de consulter Rullac S., *L'urgence de la misère : SDF et SAMU Social*, Editons des Quatre Chemins, Paris, 2004.

[13] Patrick Declerck est celui qui a le plus formalisé l'hypothèse de l'existence d'un syndrome de désocialisation propre à expliquer le processus de clochardisation (*Les naufragés, op.cit.*)

qui ne trouvent plus leur place dans la société plutôt que de chercher à comprendre la folie et/ou la sauvagerie de notre fonctionnement social qui amène une partie de la population à vivre dans les rues. Aussi, dans la mesure où toute empathie est difficile et douloureuse, la tentation est forte de considérer que les SDF ne possèdent pas les mêmes caractéristiques fondamentales que les ADF : des activités, des capacités à choisir, à agir, à penser et pourquoi pas, à aimer.

C'est précisément pour prémunir l'observateur contre cette dérive intellectuelle que Patrick Gaboriau[14] propose d'utiliser la méthodologie ethnologique d'observation qu'il définit ainsi : *« La méthode que j'appelle l'observation directe objectivante, que l'ethnologue utilise, apparaît tout simplement basée sur la prudence méthodologique, non seulement elle n'est pas contradictoire avec l'approche plus générale d'un problème scientifique, mais, complémentaire à d'autres approches, par le particularisme qui la caractérise, elle permet une réflexion plus large, à partir du regard critique que facilite l'étude du particulier »*. Pour ce dernier, l'ethnologue est donc un observateur d'une réalité particulière qui sert de base à une réflexion conceptuelle à propos de problèmes plus larges. Dans cette démarche, si les questions générales telles que l'état mental des SDF, les raisons de l'absence de logement fixe ou encore les valeurs culturelles qui leur sont propres, trouvent éventuellement des réponses, c'est toujours à partir des observations particulières d'un terrain donné.

---

[14] Gaboriau P. (dir.), « L'enjeu social des discours sur la misère », *in*, *Ethnologie des sans-logis. Etude d'une forme de domination sociale*, L'Harmattan, Collection Logiques Sociales, Paris, 2003. p. 37.

La deuxième conséquence de ce « bogue » consiste à catégoriser les SDF en les regroupant en fonction de caractéristiques qui feraient sens en fonction des références de l'observateur. Cet exercice débute dès que le chercheur choisit une désignation parmi l'ensemble du vocabulaire consacré aux personnes sans domicile : mendiant, clochard, sans-abri, naufragé, sans-logis, SDF, exclu, vagabond, etc. Le choix est délicat car chaque mot correspond à un ensemble de présupposés, de représentations et de théories. Choisir une dénomination plutôt qu'une autre, c'est prendre le risque de connoter son propos et de prendre position, parfois malgré soi, dans le débat idéologique des spécialistes de la question. Par exemple, opter pour la figure du « clochard » revient à convoquer l'image du sympathique alcoolique, philosophe des rues. Choisir l'image du « naufragé », proposée par Patrick Declerck, implique une restriction du propos aux sans-abri les plus désocialisés et les plus diminués. Pour éviter cette difficulté, le chercheur à la possibilité d'utiliser des dénominations neutres, moins chargées de représentations. C'est certainement l'une des raisons du succès de l'acronyme « SDF ». Cette désignation, la plus utilisée aujourd'hui, s'est imposée comme le successeur contemporain des anciennes figures du « vagabond », qui peuplait les campagnes, et du « clochard », moderne et urbain. Ce n'est qu'au début des années 1980 que le sigle « SDF » est devenu la principale désignation des personnes qui vivent à la rue. Pourtant, cette appellation possède un pouvoir descriptif extrêmement faible. Paradoxalement, c'est cette faiblesse qui assure son succès puisqu'elle permet de contourner la difficulté de trouver des points communs entre des individus qui se caractérisent avant tout par leur hétérogénéité : dans la mesure où il est impossible de trouver des points communs dans ce qu'ils possèdent, il est plus facile de repérer ces similitudes dans ce qu'ils ne possèdent plus. Dans ce sens, l'absence de domicile fixe représente effectivement le plus petit dénominateur commun entre les différentes personnes qui vivent à la rue. Ainsi, l'utilisation de la notion « SDF » institue notre approche contemporaine de cette population : la recherche à tout prix d'une approche globalisante quitte à regrouper l'ensemble des individus concernés en fonction de ce qu'ils ne partagent pas.

Cette tendance à chercher une désignation globalisante se retrouve également dans les efforts entrepris pour qualifier la population sans-abri. La question est alors de savoir dans quelle mesure la personne SDF serait désocialisée, désinsérée, désaffiliée, acculturée, déculturée, anomique, malade mentale, délinquante, victime, etc. Cette tentative se révèle une fois encore un exercice délicat du fait de l'hétérogénéité des SDF qui résistent aux tentatives de simplification inhérentes à toute catégorisation. Malgré sa difficulté, cet effort d'organisation de la connaissance a tendance à accaparer le débat scientifique actuel au détriment des recherches centrées sur une connaissance fine des réalités SDF qui pourtant faciliteraient cette catégorisation. Ainsi, il existe un risque que ces réalités soient non seulement simplifiées pour faciliter leur organisation, mais aussi, qu'elles passent au second plan des préoccupations du chercheur. Compte tenu du caractère angoissant de cet objet d'étude, il est vraisemblable que cet effort de catégorisation traduise un besoin de donner du sens à tout prix à une réalité qui reste méconnue. C'est en cela que la recherche sur la « question SDF » est menacée d'idéologisation.

Patrick Gaboriau dénonce ces tentatives de catégorisation qui constituent, d'après lui, une forme de domination d'une majorité sur une minorité[15]. Pour ce dernier, les ethnologues doivent dénoncer cette tendance lourde à l'œuvre dans les sciences sociales. Selon Patrick Gaboriau, l'ethnologue doit : « *Souligner les paradoxes, les incongruités. Insister sur le pouvoir ignoble d'humains sur d'autres humains. Parler du silence et du balbutiement des personnes qui connaissent la misère. Dire ce qui est su, mais aussi insister sur les doutes et les ignorances. Voici quel pourrait être un objectif scientifique du temps présent. (...) Le problème n'est pas de définir les pauvres, pas plus qu'il est de s'accorder sur une définition des SDF ou des sans-logis. Il s'agit de souligner le rapport et les enjeux des catégories constituées par le discours social du moment. Il convient d'insister sur les rapports de force qui s'imposent sous l'effet des mots de tous les jours. Dans ce combat symbolique, l'ethnologue contribue à clarifier et à dévoiler le faisceau de transformations que subissent les catégories et les rapports entre les classes et les groupes. Il est, parmi d'autres, une des voix du présent.* »

Ainsi, l'ethnologue doit veiller à ne pas se retrouver piégé par les discours pourtant populaires qui visent à catégoriser les SDF. Au contraire, il doit prendre de la distance avec des concepts qui décrivent davantage les rapports sociaux dans lesquels sont pris les SDF que la réalité de leur vie quotidienne. Voici l'exemple parmi d'autres de la notion d'exclusion dont la pertinence est à discuter malgré son franc succès.

Bien que le sans-logis soit très fréquemment considéré comme l'archétype de l'exclu, la pertinence de la notion d'exclusion appliquée à une compréhension de la

---

[15] Gaboriau P. et Terrolle D., (dir.) « L'enjeu social des discours sur la misère », in *Ethnologie des sans-logis. Etude d'une forme de domination sociale*, L'Harmattan, Collection Logiques Sociales, Paris, 2003, pp. 19-42.

« question SDF » est contestable. Selon Emmanuel Didier[16], *« L'exclusion est une catégorie cognitive. Il nous semble que cette proposition n'est pas une définition dans la mesure où elle ne dit rien sur la substance de notre objet. »* D'après l'auteur, cette caractérisation ne définit aucunement par elle-même les individus qu'elle désigne, pas plus qu'elle n'induit ses causes et sa nature. Il existe trois grands modèles propres à définir l'exclusion. Le premier a été défini en 1974 par René Lenoir[17] et considère que les exclus sont des inadaptés et méritent d'êtres ainsi regroupés. Vient ensuite « l'exclusion sociale » élaborée par le père Joseph Wrésinski qui est le fondateur de ATD-Quart Monde. Selon lui, l'exclu ne partage plus la culture de la société à laquelle il appartient et, en premier lieu, il n'a plus accès à la sphère des droits fondamentaux. Enfin, l'INSEE a également développé sa notion de l'exclusion définie par le processus qui empêche certaines personnes d'intervenir sur un ou plusieurs marchés comme celui du travail, des loisirs ou de la santé. Si ces trois modèles diffèrent, ils impliquent tous l'existence de deux mondes distincts. Ainsi, le SDF est communément considéré par la société comme le symbole des victimes d'une « fracture sociale » qui institue ainsi une inexorable séparation entre les « sans » et les « avec ». Pourtant, les SDF et les ADF cohabitent quotidiennement dans le même environnement et partagent de ce fait une culture commune. Ces appartenances communes me semblent se réaliser selon trois modes qui, en se cumulant, incluent totalement la personne SDF dans son environnement sociétal.

---

[16] Didier E., « De l'exclusion à l'exclusion », *in L'exclusion. Constructions, usages, épreuve, Politix*, Presse de Sciences Po, deuxième trimestre 1996, pp. 5-27.

[17] Lenoir R., *Les exclus. Un français sur dix*, Seuil, Paris, 1974.

Le premier mode d'appartenance correspond à la compréhension des références culturelles utilisées et intégrées par l'ensemble des individus qui cohabitent autour d'eux. Indépendamment de sa vision du monde et de ses pratiques, chaque SDF que j'ai rencontré connaît les normes, les valeurs et les représentations de son environnement et sait en quoi il s'en distingue. Cette compréhension du code culturel et des normes peut s'étendre, pour tout un chacun, à l'échelle d'une ville, d'une région, d'un pays, voire d'un continent pour ceux qui voyagent.

Le second mode correspond à l'ensemble des références culturelles que les SDF et ADF partagent dans leurs vies quotidiennes respectives. Cette appartenance ne se limite plus à une connaissance mais à des pratiques ou à des valeurs partagées effectivement au quotidien. Ainsi, il est possible d'affirmer que les SDF parisiens sont au même titre que les ADF des utilisateurs du métro (même si le plus souvent ils n'appartiennent pas au groupe des utilisateurs qui payent le métro !), des piétons ou encore des utilisateurs de bancs publics. Ils fréquentent les supermarchés, les services sociaux, les hôpitaux, lisent les journaux, regardent la télévision, jouent aux cartes ou, encore, fréquentent les cafés. Un SDF peut également être ou n'être pas raciste, soutenir un parti politique, aimer telle ou telle spécialité culinaire, ou encore, jouer au Loto. Cette appartenance culturelle correspond aussi à tous les comportements qui ne se remarquent pas forcément à l'intérieur de l'ensemble qui les partage tant ils sont intégrés mais qui, pour un étranger, distinguent le groupe d'individus observés. Il peut s'agir de l'habitude d'utiliser une fourchette pour manger, d'un pantalon pour s'habiller, de faire la queue dans une file d'attente ou de saluer un ami d'une façon précise.

Enfin, le troisième mode d'appartenance correspond à la spécificité culturelle que les sans-abri développent pour s'adapter à un environnement qui ne leur est pas adapté. De ce fait, les SDF vivent en dehors de normes qui constituent la vie quotidienne de chacun d'entre nous. Loin des sentiers battus d'une vie normée, ils se retrouvent dans l'obligation de créer un mode de vie qui n'a pas été prévu par la société mais qui s'organise néanmoins en fonction de ce qui existe. Ainsi, si « culture SDF » il y a, elle est à la fois indépendante de la volonté de l'ensemble d'une société et étroitement liée à la culture dans laquelle elle se développe tant elle s'institue en interaction avec l'environnement. En effet, de très nombreux SDF affirment trouver les biens nécessaires à leur vie quotidienne en fouillant les poubelles. À travers ces témoignages, les poubelles de nos grandes villes apparaissent comme des supermarchés gratuits et toujours bien fournis. Cet exemple illustre l'interaction qui unit les pratiques SDF et celles des ADF. En l'occurrence, l'utilité de la fouille des poubelles est étroitement liée à la nature de notre économie contemporaine qui pour assurer son développement favorise à tout prix les habitudes consuméristes des foyers et le goût prononcé du renouvellement fréquent des biens personnels. L'autre source, alimentaire celle-ci, correspond aux pratiques des supermarchés en matière de date limite de consommation qui se traduit par de fréquentes et conséquentes mises à la poubelle de tous les produits invendus et « dépassés ». Progressivement, les ADF ont intégré l'utilité que représentent leurs déchets pour les sans-logis et jettent encore plus facilement leurs biens en sachant qu'ils seront probablement utiles. Finalement, les différences culturelles observées chez les SDF ne témoignent pas d'une séparation d'avec ce qui les entoure mais caractérisent un mode de relation avec leur environnement qui s'inscrit dans un code culturel plus largement partagé par tous.

Il ne s'agit pas ici d'affirmer que les SDF ne sont en aucune manière des exclus puisque toute inscription sociale d'un individu l'exclut automatiquement d'un groupe inscrit différemment. Il ne s'agit pas non plus de nier que l'inscription particulière des SDF, notamment dans la misère, renforce leurs exclusions et les sources de souffrances qui y sont liées. Au cours des différentes nuits passées au SAMU Social, j'ai eu l'occasion de mesurer l'étendue et les différentes formes qu'elles sont susceptibles de recouvrir. Les exemples sont malheureusement nombreux et souvent dramatiques. Par exemple, il est quasiment impossible pour une personne SDF de bénéficier d'un logement HLM même si les minimums sociaux qu'elle perçoit lui permettraient d'assurer les frais quotidiens. Il est aussi difficile pour une personne sans-abri d'être suivie dans un hôpital alors qu'elle peut être soignée pour des urgences vitales. Très fréquemment, le SAMU Social critiqué et mal accueilli par les équipes soignantes hospitalières qui vivent difficilement le fait d'être obligées de soigner des individus sales, alcoolisés, parasités et souvent peu coopérants. Ces difficultés d'accès se retrouvent également au cœur des dispositifs spécialisés dans l'assistance aux SDF dont l'offre est toujours en inadéquation avec la demande. Dans le cadre de cette forte pénurie de moyens, certaines institutions entretiennent un système de sélection drastique et parfois illisible. C'est le cas de l'attribution des places d'hébergement parisiennes *via* le 115, numéro téléphonique gratuit et réservé aux sans-abri, dont la distribution quotidienne est largement soumise au hasard[18]. Cela dit, il faut se méfier des *a priori* qui consistent à considérer les SDF comme davantage exclus qu'ils ne le sont vraiment. C'est le sens d'un article publié en octobre 2003, basé sur une étude de l'INSEE, qui affirme que 30% des SDF travaillent[19] : « *Trois sans-domicile fixe sur dix travaillent, selon une étude publiée jeudi par l'Insee. Et parmi ceux qui n'ont pas d'emploi, quatre, cherchant à sortir du chômage, sont inscrits à l'ANPE. Seuls un tiers des SDF ont largué les amarres et sont totalement coupés de l'emploi. Cette statistique bouscule les clichés sur les SDF «désocialisés» que l'on assimile à des clochards, souvent perçus comme des personnes au parcours chaotique, à l'instabilité chronique, atteints de troubles psychiques et en plus alcooliques. Leur condition serait donc la résultante d'un itinéraire individuel. (...) L'étude publiée jeudi par l'Insee montre aussi que, avant d'être à la rue, les sans-abri se levaient comme tout le monde le matin pour aller travailler : «Neuf sans-domicile (...) sur dix ont eu dans le passé une expérience professionnelle.» Parmi les trois SDF sur dix qui sont parvenus à trouver un emploi ou à le garder, la plupart sont ouvriers, généralement dans les secteurs du bâtiment, du transport ou de l'entretien. Chez les femmes, les métiers de serveuse ou du nettoyage reviennent régulièrement. Mais il s'agit souvent de boulots précaires : CDD, intérim, temps partiel non choisi. Seulement un quart disposent d'un contrat à durée indéterminée, alors que 60 % ont une ancienneté dans leur travail de moins de six mois.* »

---

[18] Nous reviendrons en détail sur ce point dans la troisième partie de cet essai.
[19] Sérafini T., « Des SDF sans toit, pas sans emploi », *Libération*, 6 octobre 2003, pp. 18-19.

Au terme de cette réflexion, la notion d'exclusion appliquée aux SDF n'est pas opérante pour caractériser la réalité de l'inscription sociale et culturelle des SDF dans leur environnement sociétal. Elle ne permet pas d'appréhender les modalités d'appartenance des SDF à la culture de leur société qui sont multiples, complexes et qui paradoxalement s'expriment aussi par des différences notables de modes de vie ou de valeurs par rapport aux normes. En revanche, son utilisation massive avec le succès que l'on connaît, témoigne de la relation que les ADF entretiennent avec les sans-abri. La notion d'exclusion traduit le rejet exprimé par une majorité vis-à-vis des comportements d'une minorité, considérés comme déviants et dont l'appartenance culturelle à la société est questionnée. On retrouve le même phénomène avec les jeunes de banlieues, par exemple. C'est dans cette mesure que le concept d'exclusion recouvre moins une séparation qu'un mode de relation entre différents groupes d'une même société.

Le piège du « néant culturel »

Depuis la fin des années quatre-vingt, il existe en France une importante littérature consacrée à la vie quotidienne des SDF. Ces récits essentiellement descriptifs sont principalement proposés par des journalistes et des personnes SDF qui témoignent de leur expérience passée ou présente. Je ne vais pas aborder ici les récits de SDF dans la mesure où la vie quotidienne n'est pas considérée comme un objet de recherche mais comme un témoignage personnel d'une réalité vécue « par la force des choses ». Je vais uniquement m'intéresser aux observateurs pour qui la vie quotidienne des SDF représente un objet d'étude même s'ils ont mené le plus souvent une expérimentation personnelle et volontaire de la vie dans la rue. Si les deux types de récits sont descriptifs, le second se distingue par une prise de distance par rapport à l'objet étudié qui consiste souvent à qualifier la réalité observée. C'est cette qualification qui est discutée dans ce chapitre.

Dans cette communauté de « spécialistes », les universitaires et les chercheurs sont minoritaires par rapport aux journalistes alors que les méthodes utilisées sont principalement d'inspiration ethnographique. Dans le cadre de ces observations, il existe deux grandes tendances qui s'opposent avec plus ou moins de force selon les auteurs. La première consiste à reconnaître l'appartenance de la population SDF à une culture et la seconde, en totale opposition, se rapproche de ce que je considère comme une théorie du « néant culturel ». Les exemples pour illustrer cette dualité sont nombreux.

Hubert Prolongeau[20], journaliste indépendant, évoque dans l'introduction de son ouvrage son expérience au coeur du vide qui caractérise selon lui la vie des SDF : « *Pendant les quatre premiers mois de 1993, j'ai vécu en SDF. (...) J'ai sympathisé avec certains, n'ai suscité que de l'indifférence chez la plupart. N'eût été ce livre, j'aurais vécu quatre mois pour rien. Cette existence à la fois odieuse et inutile, ils sont 200 000 en France à la subir. (...) J'ai voulu les écouter et, tout simplement, raconter leur quotidien. (...) Au bout de ce voyage, qu'aurai-je trouvé ? Des hommes. Des hommes qui mènent une vie de sous-hommes. Des hommes cassés, brisés, marqués dès leur enfance pour ce destin qui n'en est pas un. Un gâchis énorme. (...) J'ai effeuillé des jours gris, vides, sans fin et sans but. Comme eux, j'ai survécu sans trop de problèmes. Mais pour vivre comment ? (...) J'ai plongé dans un milieu amorphe, sans rite, sans culture, sans mode de vie, sinon quelques rendez-vous obligés et communs. (...) Les rapports humains entre eux sont réduits à leur plus simple expression : ils se volent, se violent, s'exploitent, se tuent parfois.* »

À l'inverse, dès octobre 1990, Patrick Gaboriau a mené une étude ethnologique[21] sur les clochards de Paris en partageant pendant vingt et un mois les journées d'un groupe de sans-logis. Dès l'introduction de sa recherche, l'ethnologue affirme sa conviction qu'il existe une culture spécifique au SDF qu'il définit comme la « culture de la place publique » : « *Ce n'est pas parce qu'un trait social important ressort à nos yeux, l'absence de logement, symbole d'exclusion économique et de domination, qu'il*

---

[20] Prolongeau H., *Sans domicile fixe*, Hachette, Collection Pluriel, Paris, 1993, pp. 9-14.
[21] Gaboriau P., *Clochards, L'univers d'un groupe de sans-abri parisiens*, Julliard, Paris, 1993, p. 100.

suffit à constituer un ensemble culturel heuristique. S'il est possible de parler de culture de sans-abri ou de culture du pauvre, notion qui insiste sur la privation, il semble autrement pertinent de penser la culture des clochards en continuité avec la culture de la place publique. (...) La culture de la place publique permet de repenser la position sociale du clochard. Elle le contextualise dans un espace synchronique et diachronique. Plutôt que de l'appréhender en rupture avec les modèles sociaux, tel un excentrique ou un marginal sans assise culturelle, elle lui accorde une place fonctionnelle dans la société d'aujourd'hui, vivant des valeurs similaires à celles d'autres groupes sociaux. Et surtout, elle le situe dans une continuité historique et une dynamique dont il serait l'expression ; elle ouvre des dimensions historiques du temps, de la mémoire et de l'avenir. Quels sont les traits de cette culture de la place publique ? Comment construit-elle l'espace, le rythme de vie, le temps, la réflexion et l'imaginaire du clochard ? »

Patrick Declerck a mené entre 1 500 et 2 000 entretiens dans le cadre des consultations psychologiques du Centre d'Accueil et de Soins Hospitaliers de Nanterre (CASH[22]). Cette recherche a donné lieu à une thèse d'ethnologie

---

[22] Le CASH est une structure publique placée sous l'autorité de la Préfecture de Paris. Cette institution plus que centenaire intègre en son sein un hôpital et une structure d'hébergement réservée aux SDF. Toute l'année le Centre d'Hébergement et d'Accueil des Personnes Sans Abri (CHAPSA) propose 250 places d'hébergement à la nuit. Aujourd'hui basé sur le volontariat, cet accueil, décrit par Patrick Declerck dans « les naufragés » a été jusqu'au début des années 1990, le symbole de la maltraitance réservée aux SDF. La création du SAMU Social de Paris est, d'une certaine façon, une réaction au fonctionnement du CHAPSA. Rénovée depuis juin 2000, cette structure d'accueil est toujours un élément important du traitement parisien de la « question SDF ».

soutenue en 2001, publiée la même année[23] : « *J'ai passé un peu plus de quinze ans à m'intéresser aux clochards de Paris (...) J'ai suivi les clochards dans la rue, dans les centres d'hébergement, à l'hôpital. Je les ai côtoyés ivres, vociférants ou comateux d'alcool, hagards de rage et d'impuissance. Je les ai vus obscènes, incontinents, braguette ouverte... J'ai souvent dû combattre les nausées que leur odeur provoquait. J'ai aidé à les soigner. Je pense en avoir soulagé plusieurs. Je sais n'en avoir guéri aucun. (...) Ce livre, j'ai mis bien trop longtemps à l'écrire. J'ai beaucoup erré. D'abord j'ai songé à faire académique, ethnographique. Oh, il y avait des choses à dire. Durkheim, Mauss et les autres sont largement passés à côté de ces populations et des questions qu'elles soulèvent. Comme s'il s'était agi là de phénomènes indignes d'investigation scientifique. Indignes ou impropres, car enfin, comment faire de la science avec rien ou presque ? Et qu'en est-il du statut épistémologique d'une ethnographie du désordre, du chaos, du néant ? D'autant plus que les clochards, justement, ne constituent pas une société clairement et distinctement identifiable comme telle. Si société il y a, elle n'existe que par défaut, composée d'instables et ponctuels agrégats d'individus plus ou moins isolés dans le silence ou la vocifération de leurs délires éthyliques... J'aurais pu cependant essayer d'aborder les choses objectivement. J'aurais pu m'attacher à décrire par le menu détail les différentes pratiques de la mendicité, les échanges micro-économiques, la géographie des déplacements. J'aurais pu soigneusement dresser des listes d'objets personnels... C'était là, au début, ce que j'envisageais de faire. Face à l'anomie ambiante, je n'y suis pas parvenu. (...) Alors comment faire un livre avec rien ? Deux fois rien. Tout*

---

[23] *Les naufragés*, op. cit.

juste une poignée de pauvres types ahuris d'alcool et de drame. Pour la plupart, imbéciles confits qui se font dessus. Et même pas du dur. Rien de consistant. De l'eau. Des bulles. Une misère. »

Ainsi, d'après Patrick Declerck, même si l'ethnologue s'intéresse à cette population, même s'il va à sa rencontre, il se heurtera à la difficulté de décrire une culture qui n'existe pas ou si peu... À travers la théorie de Patrick Declerck, la trajectoire d'un SDF représente une dégringolade sociale, psychique et physique qui peut être résumée dans un processus de désocialisation. La notion de désocialisation la plus totale est incarnée par la figure du « grand clochard » qui est tellement diminué qu'il n'est plus en mesure de demander quoi que ce soit. Cette conception considère ce processus comme une soustraction progressive qui crée un individu en état de quasi-mort sociale et culturelle. Xavier Emmanuelli dans la préface de l'ouvrage d'Alexandre Vexliard[24] illustre parfaitement cette théorie : « *Un clochard ne demande plus rien, n'attend plus rien. Il ne vit pas d'événements, il ne se situe pas dans le temps. Quand chaque jour ressemble à chaque jour dans la vacuité d'une perpétuelle misère, que veut dire le temps ? Quand on interroge son passé et que l'on envisage le futur sans que l'on rencontre la moindre espérance, que veulent dire ces mots ? projet ? insertion ? amitié ? que veut dire le sens ? Une vie de clochard, pour ne pas souffrir, est une vie où il ne se passe rien, où il ne peut rien se passer, où il ne doit rien se passer. C'est un éternel présent gris où l'on n'a même plus de corps, car qui dit corps dit souffrance.* »

Selon ce point de vue, il existerait donc une catégorie particulière de la population SDF, celle des clochards, composées d'individus désocialisés à l'extrême et en état

---

[24] *Le Clochard, op. cit.*, p. 9.

de mort culturelle : des hommes sans histoire, sans passé, sans envie et sans besoin.

Enfin, Julien Damon[25], sociologue spécialiste des politiques d'assistances dédiées aux SDF, dénonce fortement la théorie défendue par Patrick Declerck. Pour lui, *« Il importe de discuter avec vigueur ce type d'approche. La désocialisation y est envisagée comme une descente mécanique de l'échelle sociale qui aboutit à un état définitif de déchéance et d'isolement. Les « grands exclus », les « clochards », seraient des épaves condamnées par un enchaînement balistique de crises et de ruptures. L'accumulation des difficultés serait inéluctable, tout comme la dislocation de l'identité et la désagrégation des capacités d'action. La désocialisation serait une condition particulière dans laquelle se trouveraient des individus privés de toute aptitude à agir. Cette appréciation est extrêmement contestable. Goffman, dans son étude des institutions totales, considérait que le terme « désocialisation » pour caractériser les malades mentaux était trop fort « puisqu'il implique la perte des aptitudes fondamentales à communiquer et à coopérer », ce que le sociologue américain n'observait absolument pas dans la mesure où les reclus savaient très judicieusement interagir, intriguer, riposter, répliquer, jouer des privilèges. Il repérait toutefois les pertes des habitudes courantes qui impliquent les difficultés à revenir à des cadres de vie préalables. Plutôt que de « désocialisation », il préférait évoquer des phénomènes de « déculturation » ou « désadaptation ». Cette dernière notion de « désadaptation » (qu'il ne faudrait pas rapprocher de l'inadaptation) semble plutôt heureuse, par exemple pour ce qui concerne le logement. On relève des*

---

[25] *La question SDF, op. cit.*, pp. 160-164.

cas de personnes à la rue depuis des années qui ne supportent pas d'être relogées et qui se montrent incapables de gérer la vie quotidienne d'un logement (utilisation d'un réfrigérateur, paiement du loyer, contacts avec les voisins, etc.). Ces difficultés n'ont pas nécessairement trait à une modification pathologique de la personnalité. Il s'agit d'abord du fait que la vie à la rue depuis des années n'a rien à voir avec la gestion « en bon père de famille » d'un logement. Il n'est donc pas étonnant que des personnes aient du mal à se réapproprier un logement, tout comme, à l'inverse, on peut comprendre qu'une personne normalement logée depuis dix ans ait des difficultés à trouver immédiatement ses marques si elle se retrouve du jour au lendemain à la rue. Les processus de désocialisation sont généralement envisagés comme des involutions et non comme des évolutions. Plus précisément, ils sont compris comme des mécanismes irrémédiablement involutifs et non comme des dynamiques évolutives. Ces constats, parfois désignés comme de la « déculturation », font de fait l'impasse sur les mécanismes parallèles d'acculturation. Aussi, plutôt que de s'arrêter au seul processus de désocialisation, il semble plus pertinent de repérer des mécanismes conjoints, sous la forme d'un couple : socialisation et désocialisation. Ce couple a pour moteur une dynamique générale d'intégration et de non-intégration, de décomposition et de recomposition des identités. (...) Ces enquêtes[26] montrent, en comparant les degrés d'affiliation de différents groupes sociaux, que les sans-abri n'ont certes pas le même niveau, ni le même type d'activités et de liens sociaux, mais qu'ils conservent bien des capacités de relation et d'action. Ils ont pour certains une activité

---

[26] L'auteur évoque différents travaux sociologiques américains de H. Bahr.

sociale très riche. (...) En bref, quel que soit le temps passé à la rue, on trouve toujours des capacités d'action. Les très grands exclus ne sont jamais dans une situation de totale anomie. (...) En un mot, les analyses en terme de seule désocialisation ou de seule désaffiliation sont très insuffisantes. Le constat, très discutable, de l'existence de personnes irrémédiablement désocialisées ou désaffiliées empêche d'interpréter soigneusement, et dignement, la vie quotidienne des SDF. »

Contrairement à ceux qui adhèrent à la théorie du « néant culturel », Julien Damon propose de considérer le phénomène vécu par les SDF comme un échange qui est avant tout culturel : le SDF a progressivement changé son mode de vie pour le remplacer par une autre façon de vivre qui intègre des territoires, des relations avec les institutions spécialisées, des pratiques (alcoolisme, manche, déambulation...), etc. Le sociologue ne minimise pas les souffrances, les énormes difficultés à vivre et la nécessité d'apporter une aide aux SDF mais considère les SDF comme des acteurs sociaux soumis à une forte acculturation[27] mais néanmoins rationnels.

L'existence de ces deux visions antagonistes est particulièrement troublante. Comment expliquer que pour une même réalité observée, il soit possible de parvenir à des conclusions antagonistes ? Il est extrêmement difficile de répondre à cette question. Cependant, plusieurs hypothèses sont envisageables. La première est liée à l'hétérogénéité de la population SDF et consiste à

---

[27] Il est important de ne pas confondre l'acculturation qui décrit les processus dynamiques par lesquels une société évolue au contact d'une autre en adoptant des éléments de sa culture et la déculturation qui est une perte de toutes les valeurs de référence, sans assimilation en contre partie de celles des autres.

considérer qu'il existe autant de sans-abri que de manières de l'être. Ainsi, certains seraient plus ou moins organisés, plus ou moins dynamiques, plus ou moins désocialisés, etc. De plus, chaque SDF, comme tout un chacun, présente un état personnel et des pratiques qui évoluent au jour le jour, de semaine en semaine et de mois en mois. Chacun en fonction de son âge, de son état psychique, physique, de la saison, de son activité, de ses finances ou encore des bonnes ou mauvaises rencontres, donne à voir une réalité de lui-même différente et en constante évolution. Cette fluctuation est fortement accentuée chez les SDF tant leur équilibre précaire est soumis aux aléas de leur environnement. Une baisse brutale de température, une mauvaise grippe, un vol de vêtements ou d'équipements, une dispute ou encore une perte de papiers d'identité qui empêche de retirer l'argent du RMI, sont autant de « coups durs » susceptibles de modifier profondément des pratiques quotidiennes et un état général. Les illustrations de cette fragilité sont nombreuses et parfois inattendues. Prenons l'exemple du mois d'août à Paris. Si un ADF est susceptible de regretter ou de se réjouir du vide de la capitale laissé par les aoûtiens partis en vacances, la question se pose de manière plus aiguë pour les SDF. En effet, le départ des Parisiens en vacances se concrétise pour ces derniers par la privation d'une part importante des revenus de la mendicité. Et la situation peut devenir catastrophique lorsque l'on sait que la majorité des institutions d'assistance au SDF ferment à cette même période ! Enfin, il est important de ne pas oublier qu'aucun SDF n'est né dans la rue. Chacun est obligé de s'adapter à des conditions de vie découvertes tôt ou tard mais le plus souvent à l'âge adulte. Cette nouvelle existence oblige la personne à apprendre « sur le tas » des pratiques auxquelles aucune école ne prépare. Dans le cadre de cette vie « hors-piste », la satisfaction des besoins devient un véritable enjeu quotidien qui nécessite des ressources personnelles et une véritable inventivité. Il y a bien sûr les besoins du « corps matériel » avec ses exigences élémentaires (manger, dormir, boire, uriner, se soigner, etc.) mais aussi le « corps du désir » qui participe des échanges avec le monde extérieur (l'érogène, le libidinal, les fantasmes, les projets, les relations, les divertissements, etc.). Le fait que la grande majorité des SDF vivent plusieurs années dans les rues démontre leur capacité à trouver des moyens de satisfaire leurs besoins vitaux. Cette satisfaction quotidienne de besoins non-négociables, nécessite des actions, des ressources et de l'organisation pour vivre dans le cadre d'une situation hors norme. Cet apprentissage amène forcément celui qui l'expérimente à présenter au regard de l'observateur des pratiques spécifiques tant elles sont le fruit d'un apprentissage personnel, et en constante évolution comme tout processus d'adaptation. Par conséquent, en fonction des ressources personnelles, de l'adaptabilité, du moment et de l'environnement propre à chaque SDF, l'observateur est amené à rencontrer une réalité singulière, en mouvement et difficile à synthétiser. C'est précisément pour rendre compte de ce processus d'adaptation que chaque individu rencontre, dès qu'il entame l'épisode de vie pendant lequel il est « classé » parmi les sans-abri, que les sociologues (dont H. Becker[28]) ont formalisé la notion de « carrière du SDF ». Julien Damon[29] la synthétise ainsi : « *La carrière du SDF peut comporter trois étapes typiques que l'on nomme la fragilisation, la routinisation, la sédentarisation. Cette carrière comprend des sorties et des entrées. Les entrées dans la carrière correspondent*

---

[28] Becker H., *Outsiders, Etudes de sociologie de la déviance*, Paris, Métaillé, 1985 (1963).
[29] *La question SDF, op. cit.*, p. 153.

aux moments à partir desquels une personne est reconnaissable, par les autres, et par elle-même, comme SDF. Les sorties sont les moments après lesquels cette identification n'est plus possible. »

La deuxième hypothèse pour expliquer cette divergence d'analyse consiste à affirmer que la sensibilité, la formation, le caractère et l'expérience personnelle de l'observateur sont déterminants dans l'appréhension et la compréhension d'une réalité qui demeure au bout du compte toujours subjective. Et ce d'autant plus que la réalité retranscrite par le chercheur intègre en partie sa propre expérience forgée à travers sa rencontre personnelle avec les personnes et les groupes « étudiés ». En racontant l'autre dans et de la rue, le chercheur, surtout s'il utilise une méthode ethnologique, se rencontre et se raconte également à travers l'histoire de rencontres forcément uniques et différentes de celui d'un collègue qui étudierait la même « réalité ».

Enfin, pourquoi ne pas évoquer la possibilité que ces différences de compréhension majeures – voire caricaturales dans cet exemple tant les conclusions s'opposent - sont des conséquences parmi d'autres du « bogue » de la « question SDF » déjà évoqué ? Si l'on accepte cette hypothèse, l'observateur de la vie quotidienne des SDF est forcément amené à se confronter à ce phénomène tant sa recherche le plonge au cœur des enjeux propres à cette réalité. Le risque consiste alors à produire un discours défensif qui vise davantage à préserver la réalité et l'environnement sociétal de l'observateur qu'à comprendre la réalité du groupe observé.

Au-delà de la « question SDF », il est important de s'arrêter un instant sur notre capacité prouvée au fil des siècles, à nier l'existence de la culture des groupes qui s'organisent, en partie ou en totalité, de manière différente de nos normes du moment. L'histoire de nos confrontations culturelles fourmille d'exemples qui témoignent de notre habitude de disqualifier les cultures différentes et de mettre en question l'humanité de l'Autre. Ce phénomène se révèle comme un symptôme de nos difficultés à rencontrer et à appréhender la différence. C'est ainsi qu'à travers de nombreuses confrontations culturelles, les individus ou groupes rencontrés ont été considérés tour à tour comme des êtres sans âme, sans culture, sans histoire, sans existence, primitifs, sous-développés, barbares, etc. Voici un extrait emprunté à Claude Lévi-Strauss qui illustre ce phénomène séculaire à l'occasion des rencontres initiées par les Espagnols avec les autochtones du Nouveau Monde au 16ème siècle[30] :
« *De toutes ces commissions, la plus justement célèbre, celle des moines de l'ordre Saint-Jérôme, émeut à la fois par un scrupule que les entreprises coloniales ont bien oublié depuis 1517, et par le jour qu'elle jette sur les attitudes mentales de l'époque. Au cours d'une véritable enquête psycho-sociologique conçue selon les canons les plus modernes, on avait soumis les colons à un questionnaire destiné à savoir si, selon eux, les Indiens étaient ou non capables de vivre par eux-mêmes, comme des paysans de Castille. Toutes les réponses furent négatives : A la rigueur, peut-être, leurs petits-enfants ; encore les indigènes sont-ils si profondément vicieux qu'on peut en douter ; à preuve : ils fuient les Espagnols, refusent de travailler sans rémunération, mais poussent la perversité jusqu'à faire cadeau de leurs biens ;*

---

[30] Lévi-Strauss C., *Tristes tropiques*, Editions Plon, Paris, 1955, p. 80.

n'acceptent pas de rejeter leurs camarades à qui les Espagnols ont coupé les oreilles. Et comme conclusion unanime : Il vaut mieux pour les Indiens devenir des hommes esclaves que de rester des animaux libres... »

De par leur mode de vie partiellement hors normes, les SDF n'échappent pas à ce double phénomène qui mêle une disqualification culturelle et une tentation à les exclure de la sphère de l'Humanité.

Penser la spécificité des sans-abri ne va donc pas sans poser de nombreuses difficultés à l'observateur puisque celui-ci, comme c'est souvent le cas, cohabite dans l'environnement des populations SDF qu'il étudie. La difficulté pour ce dernier est d'étudier une composante de sa propre société avec laquelle il entretient une relation fondée sur le paradigme de l'exclusion comme le souligne Serge Paugam[31] : « *L'exclusion est désormais le paradigme à partir duquel notre société prend conscience d'elle-même et de ses dysfonctionnements, et recherche, parfois dans l'urgence et la confusion, des solutions aux maux qui la tenaillent.* » Le tour de force consiste alors à accepter de s'observer soi-même à travers un groupe qui symbolise l'étrangeté et avec lequel nous entretenons des relations basées sur la séparation malgré notre appartenance commune au même corps social. Dans ce contexte, il n'est pas étonnant que les observateurs des populations SDF, qui se croyaient partis pour un voyage exotique, soient ramenés à des questionnements concernant leur propre culture à travers un voyage qui se révèle domestique. La plupart refusent ce voyage qui

---

[31] Paugam S. (dir.), « La constitution d'un paradigme », *in L'exclusion l'état des savoirs*, Editions la découverte, Collection Textes à l'appui, Paris, 1996, pp. 7-18.

implique notamment de se considérer comme un acteur dans la « question SDF » mais aussi de se confronter à ses propres représentations culturelles. Alors, à défaut d'une approche pragmatique qui nécessiterait la reconnaissance et l'abandon de ces représentations, il est plus aisé d'adopter une approche idéologique qui menace en définitive toute entreprise ethnologique.

Le SAMU Social de Paris comme terrain d'observation

En tant qu'éducateur spécialisé, j'ai travaillé entre mai 2001 et juin 2003 dans les véhicules du SAMU Social de Paris qui circulent toutes les nuits dans la capitale à la rencontre des SDF. C'est à bord de ces véhicules que j'ai rencontré pendant 150 nuits un nombre considérable d'hommes et de femmes qui déclaraient ne disposer d'aucun abri pour dormir. Au cours de ces deux années, j'ai occupé un poste de travailleur social vacataire dont le contrat au jour le jour est fonction des besoins de l'institution : congés, arrêts maladies, postes vacants, accroissement saisonnier de l'activité, etc. L'emploi du temps du vacataire se négocie entre les besoins de l'employeur et les disponibilités du salarié ponctuel. Mes interventions se sont échelonnées entre quelques nuits mensuelles et le plein temps. A la demande de la direction, j'ai occupé un poste fixe et à plein temps de mars à juin 2003. C'est dans ce cadre que le Samu Social est devenu un « terrain ethnologique ». Bien que mon appartenance professionnelle à cette institution m'ait permis de rencontrer un nombre très important de SDF, j'avais préféré étudier l'institution elle-même plutôt que les populations rencontrées et éventuellement prises en charge.

Ce choix n'a pas été facile à expliquer. Je me suis aperçu progressivement qu'une partie de mes interlocuteurs acceptait difficilement mon renoncement à l'excitation intellectuelle d'étudier la population SDF. De plus, je ne suivais pas la tradition d'étudier tout ou partie des réalités d'un groupe d'individus perçue comme exotique au profit de l'ethnologie d'une institution. Pourtant, c'est précisément au nom de cette tradition fondée sur une observation longue et *in situ*, inaugurée par Bronislav Malinowski[32], que j'ai renoncé en ce temps à utiliser ce poste d'observation pour étudier les SDF parisiens. En voici les raisons telles que je les invoquais dans un précédent livre[33] : « *Initialement, j'avais envisagé de me servir de mon expérience professionnelle au SAMU Social de Paris pour faire une ethnologie des SDF rencontrés par l'institution. L'idée de regarder un groupe aussi éloigné de mes valeurs culturelles était attirante. J'espérais pouvoir mieux comprendre leur réalité et essayer de mieux me représenter les trajectoires de vie qui amènent à la rue. En fait, j'étais attiré par "l'exotisme" de cette population au sens ou "leurs caractéristiques diffèrent notablement des caractéristiques habituelles"[34]. Non seulement elles diffèrent mais elles dépassent souvent notre entendement. Il est difficile de se représenter la vie d'un clochard et encore plus de concevoir qu'il est humainement possible de la supporter. Progressivement, j'ai réalisé que mes interventions au SAMU Social de Paris ne constituaient pas le terrain d'observation que je cherchais pour comprendre quelque chose au groupe des SDF. J'aurais aimé pouvoir prendre le temps de partager et d'observer des moments sur leurs lieux de vie à l'image d'un ethnologue dans une tribu lointaine qui s'immerge dans son terrain d'étude. L'action des Equipes Mobiles d'Aide n'offre pas cette possibilité car elle vise à extraire les personnes de leurs lieux de vie. Si nous allons les rencontrer là où ils sont, c'est pour*

---

[32] Malinowski B., *Les Argonautes du pacifique Occidental*, Gallimard, Paris, 1963.
[33] Rullac S., *Les bons samaritains*, Editions du Labo EMC, Paris, 2003, pp. 5-6.
[34] Le Petit Larousse Illustré, 2000.

tenter de les conduire dans des centres d'hébergement ou de soins. Nous partageons pourtant du temps mais le plus souvent dans les camions. Et je n'avais pas envie de faire cette ethnologie. »

C'est donc dans un souci d'aller jusqu'au bout de la logique de l'observation participante que j'ai préféré orienter mon attention sur les réalités du groupe auquel j'appartenais et dont je partageais le quotidien. C'est pour cette raison que je me suis intéressé aux Equipes Mobiles du SAMU Social qui m'ont permis d'étudier un aspect de notre culture contemporaine d'assistance, à travers l'observation d'un dispositif qui organise une rencontre entre deux groupes se situant chacun d'un côté d'une barrière qui délimite la marginalité. Aujourd'hui, mon centre d'intérêt est la population SDF parisienne. Pour autant, ne serait-il pas intéressant que je revisite le terrain ethnologique que représente mon expérience au SAMU Social dans l'optique de ma nouvelle problématique de recherche, au risque de contredire ce que j'affirmais dans l'extrait cité ci-dessus ?

C'est pour tenter de répondre à cette question et de lever cette contradiction apparente qu'il convient d'examiner le cadre institutionnel dans lequel ces rencontres se réalisent. Pour cela, précisons les actions dévolues aux véhicules d'assistance. Officiellement, il existe trois modes opératoires. Le premier consiste à aller au devant des SDF dans le cadre de ce que l'on appelle la maraude pour proposer un hébergement. Le second consiste à aller chercher les individus qui ont obtenu un lit par le 115 ; il s'agit alors d'un travail dit de « fiches » parce que les Equipes Mobiles reçoivent des listes imprimées des rendez-vous fixés par le 115, comprenant l'identité des personnes concernées. Enfin, ces dernières se soumettent aux « signalements de particuliers » qui les obligent, en vertu du règlement intérieur, d'aller à la rencontre des individus que des riverains ou des passants ont signalé au 115 et de proposer un hébergement, en fonction des disponibilités et de leur demande. Dans le cadre de ces activités, il est possible de distinguer trois postes d'observation des SDF pour celui qui s'inscrit dans le cadre institutionnel des Equipes Mobiles d'Aide : l'espace public, le véhicule et les institutions d'assistance (foyer d'hébergement d'urgence, hôpital, police, etc.). Ces trois espaces qui se succèdent offrent finalement un terrain ethnologique, centré sur les populations SDF, d'une grande richesse.

L'observation des SDF dans l'espace public :

Que ce soit dans le cadre du travail de « fiches », de maraude ou de « signalement de particuliers », les rencontres commencent généralement dans un espace public ou assimilé. Le principal lieu de rencontre est la rue mais d'autres existent, comme les halls d'immeuble, les squares, les quais de Seine, les parkings, les passages sous terrain, les passages couverts des monuments (église, musée, institutions, etc.), les porches d'immeubles et de magasins, sous les ponts, etc. C'est dans ces espaces que les équipes mobiles négocient une assistance et, de ce fait, passent plus ou moins de temps à l'endroit où la personne se trouve. En ce sens, la maraude et les « signalements de particuliers » offrent un observatoire intéressant dans la mesure où les équipes de véhicules sont amenées à négocier avec le SDF – parfois sans succès - une éventuelle prise en charge. Cette négociation peut parfois durer près d'une heure sur le lieu de vie du sans-abri. En revanche, le travail de « fiches » est un cadre d'observation moins intéressant puisque la personne qui a formulé son accord au 115 est dirigée vers un point de rendez-vous usuel et pratique pour les véhicules. Lorsque la personne est au rendez-vous, elle monte rapidement dans le véhicule et la rencontre commence réellement lorsque l'usager devient passager. Les rencontres les plus fréquentes se déroulent à même le trottoir. En effet, c'est cette utilisation de l'espace public qui rend une personne sans-abri le plus visible et donc susceptible d'être facilement repérée par une camionnette. Pour autant, il ne faudrait pas interpréter systématiquement cette visibilité par une volonté de s'exhiber car il peut aussi s'agir d'une recherche de chaleur fournie par les bouches réparties sur les trottoirs parisiens[35]. Ces dernières incitent alors leurs usagers à demeurer au milieu de la voie piétonne aux yeux de tous. D'autres encore, utilisent les cabines téléphoniques, les porches, les arrêts de bus, les quais de Seine, les passages souterrains ou tout autre renfoncement. Les « signalements de particuliers » permettent parfois de rencontrer des personnes qui tout en vivant dans la rue, ne sont pas visibles. Il peut alors s'agir d'un recoin caché que seul un riverain peut connaître. Les SDF utilisent aussi les halls d'entrée des immeubles, les squares ou les salles d'attentes des hôpitaux. Ces espaces privés mais d'usage public sont interdits au vagabondage mais sont malgré tout

---

[35] C'est la Compagnie Parisienne de Chauffage Urbain (CPCU) qui gère depuis 1927 l'alimentation de Paris et de sa région en chauffage, en électricité et en eau chaude. Cette alimentation souterraine fournit des hôpitaux, des gares, des ministères, des théâtres, des entreprises privées, des universités, des grands établissements (dont l'EHESS), etc. C'est un réseau maillé comparable au réseau des égouts : de l'eau à 240°c, 413 km de canalisations, 30 000 vannes et purgeurs et de la vapeur comprise entre 12 et 20 bars. Les bouches de chaleur correspondent à des sortes de soupapes où la vapeur est très chaude. Les dangers de brûlure en plein hiver sont réels. La vapeur sort à environ 50°c et peut brûler une peau gelée. Surtout, l'épiderme supporte très mal l'exposition au froid d'un côté et à la chaleur de l'autre. La différence de température sur des veines déjà fragilisées par l'alcool peut provoquer des hémorragies internes.

régulièrement fréquentés par la population SDF. D'une manière générale, ces rencontres permettent d'observer les conditions nocturnes de vie de nombreux SDF parisiens. Elles permettent également de nombreuses discussions qui abordent leur vie quotidienne. Les relations parfois fortes qui en résultent au fil des nuits sont autant de portes d'entrée sur l'univers culturel des SDF.

L'observation dans le véhicule :

Les véhicules utilisés sont des camionnettes de type « Boxer » (Peugeot) ou « Jumper » (Citroën), capables de transporter six personnes à l'arrière et trois à l'avant. Cet espace réduit est souvent inconfortable tant il oblige ceux qu'il contient à cohabiter dans une proximité maximale. Le travail de « fiches » peut se révéler particulièrement éprouvant lorsqu'il amène l'équipe à multiplier et à enchaîner les voyages entre les différents points de rendez-vous donnés aux usagers et les centres d'hébergement. Il est alors fréquent que cent kilomètres soient parcourus dans une nuit complètement dévolue aux « fiches ». Cette proximité est d'autant plus pénible que les états physiques et mentaux des passagers sont souvent difficiles à gérer : état d'ébriété, fortes odeurs (saleté, défécation, urine), états psychologiques limites (dépression, agressivité, mutisme, logorrhée, etc.) ou encore des parasites ou des maladies (gale, poux, staphylocoques dorés, tuberculose, etc.). Difficulté supplémentaire, beaucoup des SDF se sont progressivement déshabitués à évoluer dans un groupe ; alors, le simple fait d'être un passager parmi d'autres peut se révéler angoissant surtout si la confrontation à un *alter ego* (en tant que SDF et usager du SAMU Social) renvoie à une image dégradée de soi-même. Cet effet « miroir » peut être d'une grande violence. Cependant, en dehors du travail de « fiches », le camion est souvent vide lorsque la maraude se révèle infructueuse pendant de longues heures. Il arrive également que la conversation s'engage dans un calme relatif avec une ou deux personnes à bord du camion. Dans quelques cas, l'infirmier ou le travailleur social passe à l'arrière pour mener l'évaluation qui dépend de sa compétence.

Ce partage d'un espace restreint, et parfois intime, est l'opportunité d'échanges et une source d'informations pour le professionnel-observateur.

L'observation dans les institutions d'assistance :

L'appartenance professionnelle à une Equipe Mobile d'Aide permet, que ce soit en amont ou en aval de la prise en charge par un véhicule, d'observer les relations qu'entretiennent les SDF non seulement avec le SAMU Social mais aussi avec les institutions d'assistance telles que les hôpitaux, la police ou les pompiers.

De nombreux SDF peuplent les urgences et saisissent régulièrement les Equipes Mobiles lorsque ces dernières sont appelées par un hôpital, ce qui donne lieu à l'établissement d'une « fiche ». Il serait très intéressant de s'attarder sur la pratique de nombreux SDF qui consiste à trouver refuge dans les salles d'attente des urgences parisiennes. Cette fonction de refuge des indigents en dehors d'un suivi médical formel renvoie à une longue tradition d'asile des établissements médicaux publics hospitaliers que les pouvoirs publics cherchent à limiter aujourd'hui. Malgré cette orientation contemporaine, la pression créée par la volonté des SDF de trouver asile dans les urgences maintient un rapport de force qui entretient une certaine tolérance institutionnelle. Il s'agit là d'une stratégie développée par les SDF qui mériterait d'être étudiée par une observation dans ce cadre hospitalier spécifique.

De son côté, le SAMU Social sollicite souvent les institutions d'assistance lorsqu'un danger vital est constaté. Le rôle du personnel des équipes mobiles consiste alors à se dessaisir officiellement de la prise en charge – un formulaire est prévu pour cela – et à solliciter un relais adéquat. Ces multiples transmissions sont souvent difficiles et amènent les équipes des véhicules à négocier pour que ces prises de relais soient effectives et/ou de qualité. Par exemple, les relations entre les urgences parisiennes et le SAMU Social sont tendues dans la mesure où l'hôpital vit difficilement les rencontres initiées par le SAMU Social qui se traduisent par une charge de travail supplémentaire. Les équipes soignantes comprennent mal que les SDF ne soient amenés que la nuit, période de forte charge de travail, alors qu'aucune activité ne les empêche de consulter des centres spécialisés pendant la journée. De leur côté, les équipes du SAMU Social qui ne travaillent que la nuit, comprennent mal que l'hôpital ne relait pas leur long et patient travail de réconciliation entre les SDF et les soins physiques. Cet aspect de l'activité des Equipes Mobiles est particulièrement intéressant du point de vue ethnologique car elle met en évidence le travail de médiation mené pour permettre à deux groupes qui se rejettent mutuellement de se rapprocher.

La grande majorité des voyages en véhicules se terminent devant les centres d'hébergement d'urgence. La règle de fonctionnement impose aux équipes d'accompagner les hébergés à l'intérieur des établissements d'accueil. Parfois, à l'occasion de ces arrivées, le personnel infirmier est amené à réaliser des soins. De son côté, le travailleur social est susceptible de mener une évaluation sociale. Cet exercice est sa prérogative car il est tenu de recevoir en entretien particulier toute personne qui se déclare prise en charge au

SAMU Social de Paris pour la première fois. Cet entretien est l'occasion de faire le point sur les événements qui ont amené la personne à devenir SDF mais aussi sur sa situation sociale (suivi social, papiers, situation d'emploi, sécurité sociale, etc.). Évidemment, cette évaluation représente une occasion de mieux cerner la trajectoire qui peut conduire à la rue. En dehors de ces temps formels, ces passages dans les centres sont fréquemment utilisés par les équipes comme des pauses qui leur permettent de boire un café et de parler de façon informelle avec le personnel ou avec des hébergés. Enfin, c'est l'occasion d'observer la vie nocturne d'un foyer d'urgence et de ses usagers : les repas, les moments de détentes dans la salle de télévision, les chambres, les relations entre le personnel et les hébergés, la gestion des crises de violence, etc.

Si le cadre institutionnel que nous venons de présenter offre incontestablement un observatoire riche et varié, il permet également de rencontrer un nombre très important de sans-abri. Selon le rapport statistique de 2000, publié par l'Observatoire de la Grande Précarité à la Grande Exclusion[36], les Equipes Mobiles ont réalisé plus de 27500 rencontres ; 80% sont des hommes dont la moyenne d'âge se situe autour de 37 ans. Ces rencontres sont menées tous les soirs de l'année par une moyenne de six camions qui circulent dans Paris, avec des pointes exceptionnelles en hiver à plus de vingt véhicules. Au maximum, ces équipes disposent de 90 places à attribuer. Les résultats fournis par l'Observatoire sont extraits des fiches rédigées par les Equipes Mobiles à l'occasion de chaque rencontre avec un SDF, indépendamment de la concrétisation d'un hébergement ; c'est ainsi que les refus

---

[36] Cet organisme de recherche dépend du SAMU Social de Paris et met à disposition ses recherches sur simple demande au siège de l'institution : 35, av de Courteline, 75012 Paris.

d'hébergement sont intégrés dans les différentes rencontres réalisées. Cependant, la pertinence de l'ensemble de ces résultats est à relativiser dans la mesure où l'institution n'exige aucune pièce d'identité et laisse la liberté à ses usagers de se présenter comme ils le souhaitent. De ce fait, il n'est pas rare de s'apercevoir au fil du temps que de nombreux SDF utilisent des identités multiples qu'ils associent avec des âges tout aussi fantaisistes. La conséquence directe de cette liberté – et de la multiplicité des identités au-delà du nombre effectif d'usagers – est l'impossibilité de se fier à ces statistiques internes pour définir précisément les âges et le nombre des individus différents connus du SAMU Social. En revanche, les données qui déterminent le sexe des usagers et le nombre total de rencontres annuelles est fiable puisque ces résultats dépendent exclusivement du constat objectif mené quotidiennement par les équipes. La majeure partie de ces informations est archivée dans une base de données qui répertorie tout ce qui concerne les hébergés qui ont fréquenté au moins une fois le SAMU Social de Paris : noms, prénoms, antécédents sociaux et médicaux, nombres d'appels, prises en charge, incidents avec le personnel, etc. Régulièrement, les équipes consultent cette mine d'informations et s'amusent à constater que Ben Laden a été hébergé plusieurs fois, ainsi que Dark Vador ou Mohamed Ali.

Ces nombreuses rencontres m'ont permis de constater l'hétérogénéité des usagers du SAMU Social. Si tous sont considérés comme SDF par l'institution, leurs situations et caractéristiques personnelles sont extrêmement diverses aussi bien sur le plan social que médical. Ces différences sont tellement importantes qu'il est possible de rencontrer deux SDF qui n'ont pour seul point commun que leur demande d'hébergement. Certains sont jeunes[37], d'autres sont vieux et parfois très vieux (peut-être jusqu'à 90 ans). Certains vivent dans la rue de façon irrégulière et d'autres n'acceptent jamais de quitter leur bout de trottoir. Certains découvrent la rue alors que d'autres y vivent depuis plus de vingt ans. Fréquemment, les équipes rencontrent des sans-abri qui souffrent de graves pathologies liées à l'alcoolisme alors que d'autres ne boivent pas. Certains souffrent de maladies graves ou sont infestés de parasites alors que d'autres sont en bonne santé et présentent une hygiène irréprochable. Le SAMU Social prend non seulement en charge des individus seuls mais aussi des couples, des familles avec enfants, des enfants seuls, des demandeurs d'asile, des malades mentaux en fugue, des femmes battues, des hommes mis à la porte par leur femme, etc. La diversité à peine entrevue à travers cette liste non exhaustive se trouve aussi dans le rapport que les personnes entretiennent avec le dispositif. Si la majorité est en forte demande d'hébergement, d'autres refusent toute prise en charge, voire toute discussion.

Malgré l'incertitude des données statistiques de l'Observatoire, il me semble important de retenir que les Equipes Mobiles d'Aide ont réalisé dans l'année 2000, 22 000 rencontres avec des hommes et 5 500 avec des femmes. En revanche, il est inutile de retenir la moyenne des quatre rencontres qui aurait été proposée aux 7 000 usagers différents car il ne traduit en aucune manière le mode de fréquentation des usagers du SAMU Social.

---

[37] Lorsqu'une équipe doute de la majorité d'un SDF en demande d'hébergement, elle est tenue à demander à la brigade des mineurs d'effectuer des radiographies de l'avant-bras, seul moyen officiel mais peu fiable pour déterminer l'âge la majorité. Si le test révèle la minorité de la personne, le SAMU Social de Paris ne peut réaliser l'hébergement et laisse le mineur à la police.

Au cours de mes interventions, deux types d'usagers se sont distingués. Le premier est constitué d'individus qui monopolisent régulièrement les hébergements de l'institution. Selon mes observations personnelles et empiriques, ce groupe d'habitués dont il m'est très difficile de mesurer l'effectif – peut-être 100 ou 200 – représenterait 40 % des prises en charge. Le second groupe, largement majoritaire puisque le SAMU Social de Paris attribue plusieurs milliers d'hébergement annuellement, utilise l'institution moins fréquemment et de manière plus aléatoire. Cet accaparement du dispositif par un groupe relativement réduit, présente deux intérêts majeurs pour une observation ethnographique.

Le premier d'entre eux, réside dans la possibilité offerte aux professionnels de suivre ces habitués régulièrement, parfois quotidiennement et sur le long terme malgré l'absence de vocation institutionnelle de suivi. Ainsi, chaque intervenant est susceptible de rencontrer quotidiennement entre cinq et vingt SDF et de créer une relation suivie avec les habitués. Le second intérêt réside dans l'étude des mécanismes par lesquels les SDF s'attirent les faveurs du SAMU Social. En effet, ce dernier a été organisé selon le mode de l'intervention d'urgence pour aller en priorité « vers ceux qui ne demandent rien »[38]. Cet état personnel est considéré par Xavier Emmanuelli comme le niveau le plus grave de la désocialisation qui nécessite une intervention dans l'urgence pour tenter de ramener « le naufragé » en sécurité avant qu'il ne meure. Ce concept de « l'urgence sociale » est particulièrement important pour comprendre

---

[38] Objectif affirmé par Dominique Versini dans l'éditorial du fascicule officiel présentant le dispositif du SAMU Social de Paris. Ce document est disponible au siège de l'institution : 35, av de Courteline, 75012 Paris.

cette organisation institutionnelle. C'est en son nom que les Equipes Mobiles sont chargées de mettre en œuvre un mode de fonctionnement spécifique que j'ai identifié sous la dénomination du « syndrome de Don Juan »[39]. Il s'agit d'aller convaincre les SDF qui ne demandent aucun hébergement, de l'accepter progressivement. Une fois convaincue et en demande d'hébergement, la personne ne représente plus une cible prioritaire pour les Equipes Mobiles et doit passer par le 115 pour continuer à bénéficier d'un lit d'urgence. Par ce biais, l'institution s'est organisée pour limiter les possibilités d'accaparement du dispositif par un groupe d'usagers qui saturerait le dispositif. Pourtant, cet accaparement existe et traduit une capacité des SDF à initier ou à participer avec les professionnels à des stratégies qui modifient l'organisation institutionnelle à leur profit. Nous reviendrons en détail sur les ressorts de ce détournement. Finalement, ces équipes nocturnes offrent la possibilité rarissime d'associer à la profusion et à la diversité des rencontres qu'offrent les dispositifs d'urgence, la possibilité d'entretenir des relations construites au fil du temps caractérisées par les dispositifs de suivi social.

Au terme de cette mise en perspective de mon expérience, je reste stupéfait par la richesse qu'offre ce poste d'observation sur la vie des SDF parisiens ; richesse que j'ai pourtant choisi d'ignorer dans un premier temps. Aujourd'hui, je tiens à revenir sur cette question qui illustre parfaitement les obstacles qui se trouvent sur le chemin de celui qui s'intéresse d'un point de vue ethnologique à la vie des SDF ; obstacles que je n'ai pas su franchir à l'époque. À la relecture de ma justification, il m'apparaît clairement que le SAMU Social représentait un élément extérieur qui en retirant les SDF de leur milieu

---

[39] *L'urgence de la misère, op. cit.*, pp. 85-88.

naturel empêchait une observation de leur culture originale et/ou originelle. En ce sens, j'envisageais les SDF comme une tribu contactée par des missionnaires qui en intervenant, modifiaient l'état naturel des choses et en altéraient l'authenticité. Cette approche largement répandue dans les différentes études, consacre les SDF comme les membres d'un groupe qui se définirait uniquement selon sa « culture de la place publique[40] ». Pourtant, depuis toujours, le corps social propose à ses sans-logis - quand il ne les impose pas ! - des prises en charge qui limitent leur présence dans les espaces publics. Si culture SDF il y a, elle intègre de fait ces prises en charge momentanées et empêchent, à mon sens, de considérer uniquement la culture SDF comme une culture de l'extérieur.

De plus, la suppression du délit de vagabondage en 1994 et la création des SAMU Sociaux représentent deux événements déterminants qui ont modifié profondément le sens des relations que les SDF et les institutions entretiennent mutuellement. N'étant plus considérée comme délinquante, la personne sans-abri ne peut être assistée contre son gré. Cette condition *sine qua non* modifie l'approche des institutions qui s'adressent désormais à des « usagers ». Cette modification de la relation aux sans-abri prend une importance particulière lorsque le corps social cherche à limiter les risques de mort par hypothermie au cœur de l'hiver dans les rues. Les décès à répétition ont mis en évidence dès 1994 que le nouveau droit de vivre dans la rue pouvait également se traduire par la possibilité d'y mourir si aucune assistance n'était proposée aux SDF. C'est le sens des SAMU Sociaux de créer une assistance qui intègre cette nouvelle donne relationnelle : aller vers ses usagers et proposer une

---

[40] *Clochard, op. cit.*, p. 15.

assistance que la qualité des services et des relations avec le personnel contribue à faire accepter. C'est ce modèle qui a été inauguré en créant les Equipes Mobiles d'Aide et en s'opposant à la maltraitance réservée aux SDF dont le droit au respect a été proclamé[41]. D'après les témoignages que j'ai recueilli, les SDF constatent l'amélioration de leur traitement par l'ensemble des institutions parisiennes y compris de la part des forces de l'ordre. Cependant, cette évolution récente n'est pas arrivée à son terme en dehors de la capitale si j'en crois les témoignages d'une collègue du SAMU Social du département des Hauts-de-Seine (92) qui a constaté d'importantes dérives dans son équipe, mais aussi dans celle du CHAPSA : tutoiements déplacés, coups de pied, injures, etc.

De leur côté, n'étant plus considérés comme des délinquants, les SDF affirment davantage leur légitimité à demander assistance et à solliciter les services qui leur sont proposés et dont ils revendiquent le droit. La saturation du 115 met en évidence ce phénomène qui amène de plus en plus de SDF à solliciter des services d'assistance comme ceux des hébergements d'urgence, par exemple. Cette augmentation de la demande d'assistance que tout le monde remarque est systématiquement interprétée comme le signe évident de l'accroissement de la population SDF. Et ce, d'autant plus, que les enquêtes statistiques se réfèrent justement aux fréquentations de ces institutions ! Quoiqu'il en soit, la fréquentation des institutions augmente incontestablement et s'intègre clairement à la vie quotidienne des SDF. C'est pour cette raison que l'observation de la vie quotidienne des sans-

---

[41] Cette maltraitance est au cœur des descriptions de P. Declerck dans « les naufragés » qui témoignent du traitement scandaleux réservé aux SDF au CHAPSA de Nanterre avant 1994. C'est pour s'opposer à ces pratiques que le SAMU Social de Paris s'est doté d'une charte des droits des SDF.

abri parisiens intègre obligatoirement l'observation des multiples relations qu'ils entretiennent avec les institutions (hôpitaux, police, pompiers, centres d'urgence, services de suivi social, centres de santé, banques alimentaires, etc.). La perspective d'étudier la population SDF doit passer par le renoncement à la « tribalisation » d'un groupe dont le milieu naturel ne se limite pas aux espaces publics et à la rue mais s'étend, comme pour tous les membres de la société, à l'échelle de la ville au minimum.

Cette prise de conscience personnelle montre la difficulté pour tout observateur d'abandonner ses *a priori* qui consistent à figer l'objet de son intérêt ethnographique dans une pureté historique et mythique que la contemporanéité en constante évolution contredit. La tentation consiste alors à rejeter tous les changements qui se produisent sous nos yeux, alors que notre simple présence y contribue. Ce dilemme qui s'étend au-delà de la « question SDF » est particulièrement bien décrit par Claude Lévi-Strauss[42] : *« Alors, insidieusement, l'illusion commence à tisser ses pièges. Je voudrais avoir vécu au temps des vrais voyages, quand s'offrait dans toute sa splendeur un spectacle non encore gâché, contaminé et maudit ; n'avoir pas franchi cette enceinte moi-même, mais comme Bernier, Tavernier, Manucci,... Une fois entamé, le jeu de conjectures n'a plus de fin. Quand fallait-il voir l'Inde, à quelle époque l'étude des sauvages brésiliens pouvait-elle apporter la satisfaction la plus pure, les faire connaître sous la forme la moins altérée ? (...) Chaque lustre en arrière me permet de sauver une coutume, de gagner une fête, de partager une croyance supplémentaire. Mais je connais trop les textes pour ne pas savoir qu'en m'enlevant un siècle, je renonce du même coup à des informations et à des curiosités propres*

---

[42] *Tristes tropiques, op. cit.*, p. 43.

à enrichir ma réflexion. Et voici, devant moi, le cercle infranchissable : moins les cultures humaines étaient en mesure de communiquer entre elles et donc de se corrompre par leur contact, moins aussi leurs émissaires respectifs étaient capables de percevoir la richesse et la signification de cette diversité. En fin de compte, je suis prisonnier d'une alternative : tantôt voyageur ancien, confronté à un prodigieux spectacle dont tout ou presque lui échappait – pire encore lui inspirait raillerie et dégoût ; tantôt voyageur moderne courant après les vestiges d'une réalité disparue. Sur ces deux tableaux je perds, et plus qu'il me semble : car moi qui gémis devant des ombres, ne suis-je pas imperméable au vrai spectacle qui prend forme en cet instant, mais pour lequel mon degré d'humanité manque encore du sens requis ? Dans quelques centaines d'années, en ce même lieu, un autre voyageur, aussi désespéré que moi, pleurera la disparition de ce que j'aurais pu voir et qui m'a échappé. Victime d'une double infirmité, tout ce que j'aperçois me blesse, et je me reproche sans relâche de ne pas regarder assez. »

À ce stade de la réflexion, il est important de réaffirmer que la population SDF parisienne n'est pas une tribu dont la pureté culturelle se mesurerait à son degré d'autonomie à l'égard du monde qui l'entoure. Au contraire, la culture SDF se définit par des pratiques d'adaptation à cet environnement. En ce sens, la relation d'assistance que les usagers entretiennent avec les SAMU Sociaux est une évolution contemporaine – et non une corruption - des relations qu'entretiennent les SDF et les ADF au sein du même système culturel de référence. Cependant, comprendre que la culture SDF ne se définit que dans sa relation avec le reste de la société ne suffit pas à garantir une observation objectivante des réalités SDF. Dans le cadre du SAMU Social, il est également nécessaire de mesurer le poids que l'institution fait peser sur les rencontres ainsi créées. C'est essentiellement pour me permettre d'évaluer cette influence institutionnelle sur l'observation que j'ai tenté de mener des rencontres personnelles avec les SDF présents dans les rues de mon quartier.

Un quartier d'habitation comme terrain d'observation

Persuadé de l'inutilité de mon expérience au SAMU Social comme source d'une ethnographie consacrée à la vie des SDF, j'ai voulu trouver un nouveau poste d'observation. Cette préoccupation était d'autant plus importante que l'institution parisienne n'a plus souhaité m'employer à partir de juin 2003. Cette rupture indépendante de ma volonté m'obligeait quoi qu'il arrive à trouver un nouvel espace de rencontre avec les SDF. Aujourd'hui encore, la décision de mon ancien employeur ne m'a pas été explicitée. Dès septembre 2003, j'ai souhaité reprendre le cours normal de mes vacations qui s'étaient transformées entre mars et juin en un contrat à durée déterminée (CDD). C'est aussi à cette période que j'ai remis personnellement le fruit de mes recherches à Xavier Emmanuelli comme nous en étions convenus quelques mois plus tôt, au début de mes observations. Cette rencontre n'a donné lieu à aucun contact ultérieur de la part de l'institution, ni pour me faire part des réactions après sa lecture ni pour me proposer de nouvelles collaborations. De mon côté, j'ai téléphoné à deux reprises à la responsable des travailleurs sociaux qui m'a signifié, successivement, une impossibilité momentanée liée à une absence de besoin en main-d'œuvre et à une difficulté administrative de m'employer à nouveau dans un statut de vacataire à la suite d'un CDD. Mes différentes amitiés à l'intérieur de l'institution me permettent de mettre en question ces motifs puisque les besoins de main-d'œuvre sont criants et qu'aucun règlement n'empêche ces deux contrats de se succéder (le contraire avait bien été possible en son temps). En revanche, il s'est avéré, d'après des indiscrétions internes, qu'à la lecture de mon travail, le fondateur du SAMU Social parisien est entré « dans une colère corse ». Ma démarche ayant été perçue comme une volonté de nuire à l'institution. À cette occasion, j'ai le sentiment de rencontrer dès ma première tentative les difficultés inhérentes à toute ethnographie d'un milieu qui est également le sien ; surtout si celui-ci se résume à un groupe restreint. J'ai le souvenir d'une conférence de Pascal Dibie qui témoignait des rancoeurs que l'ethnologie de son village natal lui avait occasionnées[43]. C'est ainsi que sa description de la vie quotidienne lui a valu de fortes inimitiés de la part de ses co-villageois : il avait osé révéler au grand jour les petits et grands secrets d'un univers qui ne l'avait pas choisi ; en cela, il a trahi la cause[44].

En dehors de cette impossibilité de poursuivre une relation avec mon ancien employeur, j'avais l'envie de mener une observation que j'envisageais comme plus propice à l'observation des stratégies de vie des SDF. Ma démarche consistait à évaluer la capacité des SDF à inventer des modes de vie singuliers susceptibles de leur procurer un équilibre en dehors de toute prise en charge d'assistance institutionnelle. La question était de savoir s'il y avait une vie de sans-logis possible en toute « autonomie institutionnelle ». Et si tel était le cas, je désirais comparer la qualité de vie ainsi créée avec celle que l'assistance peut proposer. Cette recherche de créativité, dans l'autonomie, était aussi l'occasion d'évaluer la réalité des ressources personnelles propres

---

[43] Dibie P., *Le village retrouvé*, L'aube, poche n°9, Paris, 1998.
[44] Pour une réflexion approfondie sur la difficulté à restituer une recherche anthropologique : Zonabend F., « De l'objet et de sa restitution en anthropologie », *in Gradhiva*, n°16.

aux SDF. Finalement, mon hypothèse était construite sur une dichotomie de la population SDF entre les « assistés » et les « autonomes ». Pour moi, il était clair que si création culturelle il y avait, elle était du côté des « autonomes ». Aujourd'hui, la limite de ce raisonnement me semble évident puisqu'il repose sur la représentation déjà dénoncée préalablement que les SDF constituent une tribu dont la pureté culturelle se mesure à son degré d'autonomie à l'égard du monde qui l'entoure.

C'est en septembre 2003 que j'ai décidé de mener ces rencontres dans mon quartier d'habitation, autour de la place d'Alésia dans le 14ème arrondissement. À travers cette proximité d'habitation et de fréquentation d'un même espace public, je souhaitais faciliter les entretiens avec les personnes que j'étais susceptible de croiser quotidiennement dans ma vie personnelle. Je souhaitais aussi me donner la possibilité d'associer aux entretiens une observation facilitée par ma propre présence dans ce quartier. Ce quartier est fréquenté par de nombreux SDF qui l'ont choisi comme lieu d'habitation. Enfin, il se trouve que l'un des centres d'hébergement du SAMU Social de Paris se situe près de la porte de Châtillon à un kilomètre de la place d'Alésia. Cette proximité amène beaucoup d'usagers à passer par ce quartier, et parfois à stationner, sans pour autant s'installer de façon permanente.

Pendant plusieurs mois, j'ai traversé un petit périmètre composé de deux portions d'avenues longues de 500 mètres chacune qui composent deux branches de l'étoile dont le centre est la place d'Alésia. Je suis allé le matin et l'après-midi à la rencontre des SDF de mon quartier. La première difficulté consiste à repérer les personnes SDF. Une partie d'entre elles sont visibles et correspondent aux stéréotypes que l'on s'attend à trouver chez les gens vivant dans la rue : occuper un bout de trottoir avec son équipement, faire la manche, disposer de bouteilles d'alcool, être mal habillé, sale, en mauvais état physique, etc. Ces personnes ne sont pas difficiles à repérer tant leur stationnement, souvent à même le sol, se détache du fond de la foule en mouvement perpétuel. Cependant, si ces SDF sont les plus visibles, ils ne sont pas les seuls présents. Mon expérience au SAMU Social et la proximité du centre d'hébergement de la place d'Alésia m'ont permis de repérer des SDF que j'avais croisés dans le cadre de mon travail. En dehors de cette connaissance antérieure, rien ne les différenciait des autres passants. Certains d'entre eux étaient assis sur un banc ou debout près d'un mur mais ils passaient cependant inaperçus. Cette distinction est fondamentale car elle met en évidence deux catégories de SDF : ceux qui « s'affichent » et ceux qui se « fondent » dans l'environnement. Ces deux modes de vie composent, à mon sens, deux groupes distincts. Autant il me semble possible d'aller vers ceux qui sont « repérables », autant il m'est difficile d'aborder les quelques « discrets » repérés malgré tout. J'imagine la déception d'une personne SDF qui se bat au quotidien pour ressembler au tout venant et qui malgré ses efforts est approché et « démasqué » par un « observateur de SDF ». C'est une manière de respecter leur choix et leur intégrité souvent acquise au prix d'importants efforts tant il est très difficile de conserver l'envie et le courage de soigner son apparence lorsqu'on vit la plupart du temps dans la rue. Par principe, mais surtout parce qu'il est presque impossible de repérer les autres, je me suis concentré sur les rencontres avec les SDF « repérables ».

D'une manière générale, toute rencontre dans la rue avec un inconnu nécessite une explication de celui qui l'initie ; cette règle s'applique également lorsqu'il s'agit de rencontrer un SDF. Initialement, j'ai souhaité présenter l'objet de ma recherche de la façon la plus explicite lors des premières rencontres. Très rapidement, je me suis aperçu que cette stratégie ne permettait pas d'entrer facilement en contact avec mes interlocuteurs. La première réaction consistait souvent à nier l'intérêt de mon sujet d'étude ou à remettre en cause sa faisabilité. D'une manière ou d'une autre, ma démarche semblait incongrue aux SDF rencontrés et nécessitait des justifications de ma part, elles-mêmes contestées. D'après leurs réactions, leurs vies ne pouvaient ou ne méritaient pas d'être expliquées : elles étaient trop banales, pas intéressantes ou une affaire de détails impossibles à décrire. Un autre type de réactions consistait à ne pas vouloir raconter sa vie à quelqu'un qui souhaitait utiliser les informations recueillies dans le cadre de son métier, comme un journaliste par exemple, ou d'une activité de recherche « scientifique ». Certains ont alors évoqué la peur de voir leur vie utilisée contre leur avis à des fins commerciales. Enfin, d'autres refusaient simplement de prendre en compte ma démarche lorsque je l'expliquais. Il n'y avait alors ni questions, ni réponses, juste un silence et on passait à autre chose dans un non-dit pesant (au moins pour moi). En revanche, lorsque je me présentais comme chômeur (ce qui correspondait à ma situation du moment) ou comme un habitant du quartier, l'adhésion à cette identification était alors immédiate et durable. Ces réactions m'ont véritablement troublé et questionné. J'ai été extrêmement déçu par le fait de retrouver chez les SDF le même discours contre lequel je m'élève lorsqu'il est tenu par des ADF : « Il n'y a pas de vie à observer dans la rue et même s'il y en avait une, elle n'est pas intéressante ». Par ailleurs, ma position qui consistait à informer systématiquement de ma démarche les SDF rencontrés n'était visiblement pas opérante. Ces deux déconvenues avaient en commun de remettre en question des « positions morales » dont j'étais assez fier au préalable.

Dans un second temps, je me suis adapté et j'ai cessé de mener une approche stéréotypée dans mes rencontres. J'ai choisi en fonction de la situation de me réserver une liberté de présentation selon mon inspiration du moment. Il a suffit de taire mes objectifs de recherche pour que les relations initiées sous cette approche continuent. Même les plus réfractaires à parler à un « chercheur » acceptaient mes visites suivantes si je cessais de me présenter ainsi. Cette situation que je n'avais pas prévue s'est révélée très inconfortable et source d'embarras. Leurs refus m'interdisaient de verbaliser mes objectifs et d'aborder mes préoccupations frontalement : plus je posais de questions précises sur leur vie quotidienne et moins je recevais de réponses. En revanche, si j'acceptais une relation « ouverte[45] », de personne à personne et non pas de chercheur à sujet, de multiples détails de leur vie quotidienne apparaissaient au détour des discussions. Cependant, la relation ainsi créée m'était très inconfortable et pour tout dire culpabilisante.

En quoi consistait cette relation « ouverte » ? Le plus souvent, je me présentais comme un voisin qui à force de les croiser avait décidé ce jour-là de s'arrêter pour parler. Finalement, je proposais à mes interlocuteurs une relation de sympathie, et d'empathie, censée permettre suffisamment d'échanges pour réaliser une collecte d'informations. Ce changement de stratégie n'a pas réglé toutes mes difficultés pour proposer une relation à mes voisins sans-

---

[45] Alexandre Vexliard distingue deux types d'observation dans l'enquête en science sociale (*Le clochard, op. cit.,* p. 85) : *« le comportement ouvert, d'une part, et le comportement non directement observable, non manifeste, implicite, couvert d'autres part »*. La première catégorie s'intéresse aux conduites verbales, aux gestes, aux diverses formes d'apprentissage, etc. La seconde, s'intéresse à ce que seuls des outils et des dispositifs spécifiques sont en mesure de mettre à jour (tests, entretiens, dessins, etc.).

abri. À la place de devoir justifier ma démarche d'observateur, je me suis retrouvé à gérer un non-dit très inconfortable dès que la relation s'installait : comment expliquer et légitimer qu'un simple passant s'intéresse à des personnes vivant dans la rue au point de les rencontrer plusieurs fois par semaine ? Au fil des rencontres, j'ai imaginé la possibilité de dévoiler progressivement la véritable nature de mon intérêt pour les personnes rencontrées. Je n'ai jamais trouvé le bon moment pour le faire : comment est-il possible de révéler ma duplicité à un SDF qui subitement allait prendre conscience de son statut caché d'objet de recherche ? Ma culpabilité était complète.

Au hasard des rencontres, j'ai compris que cette relation « ouverte » était potentiellement équivoque. En effet, comment interpréter qu'un passant s'arrête, discute, s'intéresse à vous et revienne sans jamais déclarer réellement ses intentions ? C'est en rencontrant Alain que j'ai mesuré les risques de fantasmes et de désillusions entraînées par ma démarche. Voici des extraits de mon journal de bord qui en témoignent : *« Mercredi 27 août : première rencontre. J'ai rencontré Alain en me promenant dans la rue. Il est assez petit, noir avec une barbe et des tresses. Habillé d'un T-shirt blanc assez sale. Un pantalon simple et des chaussures en toile « Nike » assez abîmées. Il a 42 ans mais il en parait 30. La veille, je l'avais repéré un peu plus loin avec ses deux caddies fixés ensemble et pleins à craquer. Je ne l'avais jamais vu et dans la mesure où il est très visible, il doit être nouveau. Il m'a demandé un euro que je lui ai donné. J'ai profité de cette entrée en matière pour engager la conversation. Il a tout de suite enchaîné. Très bavard, je lui ai proposé de continuer la conversation autour d'un café au Mc Donald's. Manifestement, il souffre d'une pathologie mentale très lourde qui l'amène à parler énormément sans pouvoir se contenir.*

Effectivement, il est nouveau dans le quartier. Il vient d'Ivry-Sur-Seine qu'il a quitté suite à une agression. Il est venu à Paris pour être tranquille et moins en danger. Nous avons bougé ses caddies qui doivent peser plus de cent kilos. Pourtant, il est venu d'Ivry-Sur-Seine à pied. « Je me sers du caddie comme une table ou un canapé, je m'appuie dessus. Je dors dans l'entrée d'immeuble discrète mais à l'extérieur pas à l'intérieur. Il y a une dame clocharde qui m'a averti. Il faut que je me méfie car il y a des clochards qui attaquent pour voler les affaires. Ce matin, j'ai trouvé quatre bananes très bonnes dans les poubelles du Ed. Je vais manger ça avec du lait pour le calcium. »

Mercredi 28 août 2003 : deuxième rencontre. Il n'était pas au rendez-vous pris la veille. C'est par hasard que je le rencontre, toujours dans le quartier mais à un kilomètre du lieu de rendez-vous. Il est fermé, visiblement de mauvaise humeur. Il me dit qu'il a dormi là et il me montre un vieux matelas et des cartons. Il ne veut pas trop me parler. En fait, il m'avoue ses réticences à entretenir une relation avec un autre homme et c'est pour ces raisons qu'il n'a pas voulu venir prendre un café. Il a déjà connu des problèmes et ne souhaite pas courir à nouveau des risques. Un jour, des gars lui auraient demandé des relations sexuelles en échange d'une place dans leur abri. Il semble désespéré et ne comprend pas comment Dieu peut le laisser dans cet état. Il se demande aussi pourquoi on ne donne pas des appartements gratuits.

En revenant d'une course, je le retrouve plus loin et il m'interpelle. Il s'excuse et m'assure qu'il ne voulait pas me blesser. Et finalement, il m'a parlé. « C'est dommage que vous ne connaissiez pas quelqu'un qui a du travail. En fait, je cherche un vrai boulot et, hier, je pensais que vous aviez un travail à me proposer. C'est pour cela que j'ai accepté le café. Donc, vous ne pouvez pas me trouver un travail ? »

Alain n'est pas resté longtemps dans le quartier. Visiblement, sa pathologie mentale lui rendait toute discussion angoissante. Mon intérêt à son endroit représentait une source importante de déstabilisation, d'autant plus que dans le cadre d'une « relation ouverte » je ne présentais pas clairement mes motivations. Si je l'avais fait, il aurait certainement refusé tout contact avec moi mais, au moins, je n'aurais pas suscité de faux espoir. Finalement, si je suis en mesure d'assumer l'inconfort de cette situation, je supporte en revanche très mal l'idée d'être à l'origine d'un malaise supplémentaire, voire d'une déception, chez des personnes en situation difficile.

Malgré mon malaise qui s'est accentué au fil des rencontres, j'ai mené de nombreux entretiens informels avec une vingtaine de personnes dont six suivies plus régulièrement que les autres. À chaque retour à mon domicile, je rédigeais mes notes de terrain et notais tous les détails qui se référaient à l'organisation de leur vie quotidienne. Au fil des jours, ma collecte s'enrichissait et cette réussite contrastait de plus en plus avec mon sentiment d'échec à établir des relations confortables et viables sur le long terme. Pour limiter cet embarras, j'ai tenté à plusieurs reprises de légitimer mes rencontres avec les personnes rencontrées. Le plus souvent, ces tentatives se traduisaient par une proposition d'aide : j'apportais un pantalon, un peu d'argent, des livres, etc. Au plus fort de mon malaise, j'ai même évoqué l'idée de proposer aux personnes suivies une rémunération de leur service en tant qu' « expert » de la vie dans la rue. Finalement, ma motivation s'est effilochée et, au bout du compte, j'ai cessé d'aller systématiquement à la rencontre des SDF de mon quartier, sans pour autant arrêter mes observations.

Au terme de cette expérience ethnographique, j'ai traversé une période difficile faite de doutes et de fortes baisses de motivation pour poursuivre ma recherche. Je n'avais plus accès à mon terrain habituel du SAMU Social et celui que j'envisageais pour le remplacer me devenait insupportable. Progressivement, je me suis mis à douter du bien fondé de ma posture intellectuelle qui consistait à affirmer qu'il y avait une vie SDF à observer. Trop souvent, des phrases de Patrick Declerck me revenaient à l'esprit[46] : *« Les clochards jouent à cache-cache. Toujours, ils se dérobent. Toujours, ils sont ailleurs ou à côté. Et toujours, ils nous faut, pour avoir une chance de pouvoir les comprendre, leur pardonner ces transgressions. Hélas, nous n'y parvenons jamais tout à fait... ».*

Avec le recul, il apparaît clairement que cette remise en question – profonde et forte mais heureusement non définitive - n'avait rien de rationnel. Mon expérience m'a réellement permis de rencontrer des SDF dans la rue et de collecter des informations relatives à mon projet. De ce point de vue, elle peut être considérée comme un succès et pourtant, c'est encore le sentiment d'échec qui prévaut aujourd'hui. Finalement, en m'essayant à des relations directes, et non protégées par la médiation institutionnelle, je me suis manifestement heurté à une réalité propre aux relations qu'entretiennent les SDF et les ADF ; réalité anthropologique qui reste à analyser.

---

[46] *Les naufragés, op. cit.*, p. 12.

Quel terrain pour quel « contrat ethnographique » ?

La mise en perspective de ces deux expériences m'a permis de mesurer la fonction déterminante de l'observatoire utilisé par l'ethnologue dans les relations que ce dernier entretient avec son « objet » d'étude. C'est ce lien étroit que je propose de questionner ici. D'après Christian Ghasarian[47], *« Le terrain est le lieu où le chercheur connaît une sorte de conflit existentiel entre le subjectivisme et l'objectivisme d'une part, la bonne conscience due à l'idée d'être un témoin indiscret d'autre part. (...) De plus en plus d'anthropologues considèrent que, plutôt que d'éviter, de nier ou de chercher à contrôler les éléments personnels et les émotions en jeu sur le terrain, il faut les comprendre et les intégrer dans la recherche. (...) D'où l'importance de ce que Pierre Bourdieu appelle l'objectivation participante, c'est-à-dire l'objectivation du rapport subjectif du chercheur à son objet. Cette démarche consiste à ne pas être naïf dans sa recherche et à garder une démarche réflexive qui prend en compte les structures cognitives du chercheur, son rapport subjectif à l'objet d'étude et le processus d'objectivation de la réalité (la connaissance scientifique). »* Selon cette orientation, dite de « l'anthropologie réflexive », la relation que l'observateur entretient avec l'objet de ses recherches est une source d'informations à intégrer à l'ensemble des données recueillies sur le terrain : en passant de « l'observation participante » à « l'objectiva-

---

[47] Ghasarian C. (dir.), « Sur les chemins de l'ethnographie réflexive », in *De l'ethnographie à l'anthropologie réflexive : Nouveaux terrains, nouvelles pratiques, nouveaux enjeux, op. cit.*, p. 5-33.

tion participante », l'anthropologue devient lui aussi, en quelque sorte, un informateur du terrain qu'il étudie.

Si Marc Abélès[48] reconnaît également la fonction primordiale de la relation du chercheur avec les individus ou les groupes étudiés dans la production du savoir ethnologique, il en souligne surtout les mécanismes de coproduction: *« Or, tout le prix du terrain ethnographique consiste dans cette patiente élaboration d'une problématique, au cœur d'une relation complexe dont l'ethnographe n'est qu'un des éléments. L'opposition rigide entre subjectivité et objectivité perd beaucoup de sa pertinence. Ce qui importe, c'est le processus, tel qu'il se déploie, avec sa temporalité singulière, et, par-dessus tout, me semble-t-il, les éléments d'intelligibilité qu'il produit. »* De ce point de vue, il n'existe pas réellement d'objet de recherche tant il est impossible de réduire l'individu ou le groupe étudié à une réalité passive. Au contraire, il s'agit d'une coproduction du savoir qui s'élabore en fonction de la relation que l'observateur construit avec l'observé. Selon cette hypothèse, le lien ainsi créé, s'il est objectivé, représente une source de connaissance. Toujours selon Abélès, aucune information n'est donnée gratuitement sur un terrain. Chacun en fonction de ses motivations évalue ce qu'il désire donner et ce qu'il désire recevoir. Ainsi, toutes les relations que l'observateur entretient avec ses observés intègrent le cadre d'un accord, tacite ou explicite, qu'il est possible de définir comme un « contrat ethnographique ». L'analyse de cet accord construit au fil du temps est fondamentale puisque ce contrat représente le principal vecteur de connaissance.

---

[48] Abélès M., « Le terrain et le sous-terrain », *in* Ghasarian C. (dir.), *De l'ethnographie à l'anthropologie réflexive : Nouveaux terrains, nouvelles pratiques, nouveaux enjeux, op. cit.*, pp. 35-43.

À la lecture de ces deux analyses complémentaires, il me semble important, avant d'entrer dans le détail des stratégies de vie des SDF, d'objectiver le lien que j'ai noué avec les SDF rencontrés en fonction du terrain et de mener une réflexion sur la nature des « contrats ethnographiques » en général et sur ceux que j'ai établi en particulier.

Au terme de ces deux expériences, je suis stupéfait des différences imprimées par chacun de mes terrains sur les relations que j'ai entretenues avec les SDF rencontrés. En ce qui concerne l'observation au SAMU Social, il s'agit davantage d'un questionnement de la relation que l'institution entretient avec ses usagers dans le cadre d'un accord pré-formulé avec les usagers ; accord institutionnel qui représente un filtre d'autant plus déformant des réalités observées qu'il n'est pas repéré. En revanche, les rencontres dans mon quartier m'ont amené à questionner directement ma relation établie avec les SDF. D'une manière générale, une observation directe, en dehors de toute médiation institutionnelle, amène l'observateur à davantage penser la légitimité de la relation qu'il proposera à ceux qu'il désire rencontrer. Cette mise en perspective de ces deux terrains ethnographiques montre à quel point l'observatoire détermine les relations que le chercheur établit avec son « objet » d'étude et les questionnements qui s'y attachent.

D'après mes lectures, il existe trois registres de rencontres avec les populations SDF et autant de « contrats ethnographiques ». Le premier consiste à se faire passer soi-même pour un sans-abri afin de simuler une relation entre pairs. Cette méthode est fréquemment utilisée par ceux qui souhaitent ainsi décrire de « l'intérieur » la vie des sans-logis rencontrés. Au-delà des informations recueillies grâce à une appartenance commune de façade, l'observateur-acteur est en mesure d'appréhender le traitement social réservé aux populations qu'il étudie à travers sa propre expérimentation physique et psychologique. L'observateur utilise alors ses ressources pour se mettre dans la peau d'un autre et vivre en lui-même une expérimentation source de connaissance. La principale limite de cette expérience se situe dans l'impossibilité de ressentir « comme » celui que l'on « étudie » même si l'on partage, pour un temps, sa vie. De plus, le contrat ainsi proposé repose sur une similarité de condition feinte. Dès lors, cette technique consiste à évacuer la difficulté de contractualiser avec les membres du groupe étudié en tentant de se fondre par un subterfuge dans leur environnement.

Le second registre consiste à intégrer une institution qui propose, ou impose, un service à un groupe que l'on désire observer. Cette méthode dispense également l'observateur de négocier lui-même un « contrat ethnographique » avec les usagers rencontrés puisqu'il bénéficie du contrat relationnel qui lie l'institution avec les personnes prises en charge et profite des rencontres pour recueillir des informations. Pour autant, l'observateur n'est pas à l'abri de justifier aux usagers son adhésion à l'idéologie institutionnelle. Dans ce cadre d'observation, ce dernier n'a pas à composer un « contrat ethnographique » avec son objet d'étude mais ne peut se passer de questionner l'économie relationnelle qui unit l'institution à ses usagers : cette réflexion est fondamentale tant la réalité observée des individus qui fréquentent l'institution est soumise à cet accord.

Tout d'abord, les caractéristiques des personnes rencontrées sont fortement déterminées par l'idéologie et la fonction sociale de l'institution qui cible, plus ou moins volontairement, ses usagers. Par exemple, observer les usagers du CHAPSA de Nanterre revient à s'intéresser à une catégorie qui ne saurait représenter l'ensemble de la population SDF. En effet, ce centre d'hébergement est l'héritier d'une longue tradition carcérale qui a institutionnalisé la maltraitance de ses pensionnaires. Depuis la rénovation en 2000, les conditions d'hébergement se sont améliorées mais restent fortement imprégnées des habitudes prises au fil des décennies. D'ailleurs, sa réputation est intacte. Aujourd'hui, beaucoup d'usagers refusent les hébergements du CHAPSA et préfèrent dormir dehors. Cette mauvaise réputation amène beaucoup de SDF parisiens à n'accepter cet hébergement qu'en dernier recours lorsque toutes les « bonnes adresses » leur sont préalablement refusées. Cette relative liberté est réservée aux parisiens qui bénéficient d'une palette d'hébergement d'urgence plus large (115, CASH de Nanterre, Mie de Pain, Emmaüs, la péniche du cœur, etc.). En revanche, pour ceux qui résident dans le département des Hauts-de-Seine, par exemple, les options se résument au CHAPSA. Cette relative liberté est enfin réservée à ceux qui disposent de suffisamment de ressources personnelles pour effectuer les démarches nécessaires à toute autre prise en charge : contacter directement les autres foyers, négocier une autre orientation avec les travailleurs sociaux des centres municipaux spécialisés, bénéficier d'un hébergement au SAMU Social *via* les Equipes Mobiles d'Aide, etc.

Ensuite, la majorité des usagers se présentent en fonction de leur propre intérêt à se garantir des services aussi satisfaisants que possible. En tant que « travailleur social » dans les Equipes Mobiles, j'ai, à de nombreuses occasions, constaté la tendance des SDF à offrir une image d'eux-mêmes propre à augmenter leurs chances d'accéder à l'assistance mais aussi, la qualité des services proposés. Comme nous l'avons vu, le SAMU Social de Paris a été pensé comme un service spécialisé pour les sans-abri les plus « désocialisés ». De ce fait, beaucoup de SDF ont compris que pour augmenter leur chance d'obtenir un lit, et de le garder, il est préférable de donner aux personnels tous les signes qui témoignent de leur « dégringolade » sociale et de l'urgence de leur situation. Cette adaptation de la demande en fonction du projet institutionnel représente autant une réalité des relations qui unissent l'institution d'assistance à ses usagers, qu'une déformation des caractéristiques intrinsèques des SDF observés.

Si l'observation institutionnelle ne confronte pas directement l'ethnologue à l'obligation de formuler lui-même le « contrat ethnographique » avec les usagers que le dispositif lui permet de rencontrer, ce dernier ne peut se passer de se confronter à la question de l'autorisation d'accès au dispositif. Finalement, dans ce cadre d'observation, ce contrat se déplace d'autant plus qu'il est impossible d'observer les usagers sans intégrer une description du dispositif. Ce « contrat ethnographique » pose la délicate question de l'accès aux informations dans le cadre d'une observation menée via la médiation d'une institution. La règle formulée par Marc Abélès, selon laquelle aucune information n'est donnée gratuitement, s'applique autant pour les populations que pour les établissements. Le chercheur dispose alors de deux possibilités. La première consiste à cacher sa recherche et donc à s'affranchir d'une quelconque négociation. La seconde, consiste à informer, voire à demander l'autorisation aux responsables de la structure. Si l'observateur est salarié ou membre, il peut la contourner mais s'il n'intègre une équipe qu'au titre de sa recherche, l'autorisation est incontournable. Dans le cas d'une demande d'autorisation, l'accès au terrain est au cœur de la négociation. Dans tous les cas, l'observateur est tenu de respecter le projet de la structure dans laquelle il évolue. Or, lorsque le projet institutionnel contredit les valeurs de l'observateur, le respecter, même en apparence, peut s'avérer difficile. Cette soumission, même momentanée, fixe le « contrat ethnographique » qui lie l'observateur à ceux qui fréquentent l'institution. Dans le cas du SAMU Social, les SDF sont considérés comme « des blessés de la vie » sauvés par les Equipes Mobiles. L'ethnologue qui intervient dans le cadre de ces actions de sauvetage est soumis à cette dialectique qui place chacun dans un rôle prédéfini. L'observateur est alors contraint d'accepter ce qui constitue pour lui un « contrat ethnographique » imposé et tacite. Dans certains cas d'étude, comme les sectes ou les structures qui sont susceptibles de malmener leurs usagers[49], ce contrat peut être extrêmement difficile à accepter.

Dans le cadre de mon expérience au SAMU Social, j'ai choisi d'informer la hiérarchie de ma démarche ethnologique sans toutefois solliciter d'autorisation. J'estimais que mon expérience, n'appartenant qu'à moi, nul de pouvait m'interdire de l'utiliser. Au fil de ma recherche, j'ai mené, dans la rue et dans les centres d'hébergement, quelques entretiens formels enregistrés avec des SDF. Très rapidement, ma supérieure hiérarchique m'a signifié sa désapprobation : selon elle, j'étais tenu de demander une autorisation pour mener des entretiens dans le cadre de ma fonction sociale. Indépendamment du fond du débat, j'ai compris à ce moment-là, que je venais à ses yeux de transgresser le « contrat » qui nous unissait. Quelques semaines plus tard, l'institution parisienne n'a pas renouvelé mon contrat de travail. Cette rupture est particulièrement signifiante du point de vue d'une compréhension ethnologique de cette institution : en donnant la parole aux SDF, j'ai mis en danger la base idéologique du SAMU Social qui affirme

---

[49] Cf. Patrick Declerck et ses descriptions des maltraitances infligées aux SDF au CHAPSA de Nanterre (*Les naufragés, op. cit.*).

que ses usagers sont désocialisés au point « de ne demander plus rien ». Cet indicateur de désocialisation légitime la qualité de victime des SDF hébergés. En leur donnant la parole, le risque consiste alors à démontrer les limites d'un tel postulat.

Le troisième mode de rencontre est celui qui consiste à aller proposer personnellement, en dehors de tout cadre institutionnel, une relation aux SDF sur leur lieu de vie. Cette méthode amène l'observateur à négocier lui-même le « contrat ethnographique » avec les personnes ou les groupes étudiés. C'est à cette réalité que je me suis heurtée dans le cadre des rencontres avec les SDF de mon quartier. Mon expérience antérieure au SAMU Social ne m'a pas préparé à cette nécessité tant le camion, le blouson et l'équipe offrent une légitimité à la rencontre qui n'a plus besoin d'être motivée. La personne SDF sait pourquoi les Equipes Mobiles viennent la voir et peut, à ce titre, refuser la prise en charge. Parfois, il arrive que les motivations de l'institution soient questionnées et critiquées, mais rarement celles du professionnel. Au pire, il est reproché aux équipes de collaborer à un système idéologique, mais c'est avant tout l'institution qui est concernée. Finalement, l'observateur est protégé derrière le « contrat » que l'institution d'assistance propose à ses usagers.

Aucune de mes différentes lectures ne m'avait mis en garde dans la mesure où les expériences de rencontres dans la rue hors institution, telles qu'elles sont décrites dans les publications sur le sujet, semblent avoir été des francs succès. C'est notamment le cas de la recherche menée par Alexandre Vexliard qui est fondée sur soixante et un cas élaborés dans le cadre de quatre cents entretiens réalisés à Clermont-Ferrand, Marseille, Montpellier et Paris entre 1948 et 1953[50]. Il s'est intéressé au « tout-

---

[50] *Le clochard, op. cit.*

venant de la population des vagabonds, les individus étant pris au hasard des rencontres »[51]. D'après l'auteur, la grande majorité des clochards acceptaient ses entretiens qui se tenaient dans un contexte « libre », dans la rue ou dans l'arrière-salle d'un café. Voici le déroulement concret d'un entretien tel que l'auteur l'a décrit dans un article[52] : *« Roger R. qui évolue dans un petit groupe de clochards à Neuilly se laisse facilement aborder ; il est communicatif, parle volontiers sinon abondamment et se prête sans résistance aux entretiens et aux examens. L'observation est étendue sur trois mois (août-octobre 1950), à raison de deux à quatre entretiens par semaine. Le réponses de Roger sont hachées, fragmentaires, aussi l'entretien doit-il toujours être dirigé, aussi bien pour obtenir des renseignements complémentaires que pour canaliser son attention instable ».* Dans le cadre de ces entretiens, Vexliard ne s'est pas contenté de simples entretiens semi-directifs, il a aussi soumis ses interlocuteurs à tous les tests psychologiques qui existaient à son époque : tests d'intelligence, de capacités psychomotrices, de personnalité, graphologie, etc. Le constat est clair : Vexliard ne fait état d'aucune difficulté à obtenir les renseignements qu'il recherche.

Plus récemment, Claudia Girola a évoqué ses rencontres avec des personnes sans-abri dans des conditions proches des miennes[53]. Elle propose dans un article ses réflexions méthodologiques issues de trois années de recherche centrées sur les stratégies identitaires des personnes sans-abri et, plus récemment, sur la question

---

[51] *Le clochard, op. cit.*, p. 103.
[52] Vexliard A., *Le clochard : un homme sans histoire*, L'évolution psychiatrique, 1952, p.512.
[53] Girola C., « Rencontrer des personnes sans abri : Une anthropologie réflexive », *in Revue Politix, L'exclusion : construction, usages, épreuves*, Editions Presses de Sciences Po, n°34, 1996, pp. 87-98.

du « premier contact ». Voici un extrait de son témoignage : *« Ainsi donc, je repère la personne, je tourne en rond. Je pense aux bidonvilles de Buenos Aires, où l'espace des pauvres est fortement marqué et délimité dans l'espace urbain, ce qui permet à celui qui va à la rencontre de ces gens d'établir du moins au début leur chez eux, de la même manière qu'ils peuvent eux aussi imaginer le chez lui de leur interlocuteur. Ici, en revanche, dans ces rues de la banlieue parisienne, il n'y a rien entre la personne et moi qui puisse matérialiser une porte d'entrée, un seuil à franchir. Or, on le sait, la rencontre avec une personne inconnue sans médiateur ou espace transitionnel produit toujours de l'embarras : il n'existe pas d'histoires ou de références antérieures. Tout est à construire. Face à des personnes en situation de précarité, l'embarras est même redoublé du fait que se trouve ainsi dévoilée leur situation. (...) Même dans l'espace anonyme de la rue, nous ne pouvons pas empêcher que la relation qui s'installe entre le chercheur et ceux qu'il étudie ait d'emblée quelque chose de profondément asymétrique »*. Même si l'auteur relève les difficultés et les moments désagréables inhérents à toute rencontre dans la rue avec des SDF, elle affirme avoir réussi à créer des relations en présentant franchement sa démarche de recherche. Finalement, d'après Claudia Girola, le chercheur est obligé de s'engager « dans une relation active avec ce qu'il se propose de connaître ». Ainsi, l'observateur permet à son « objet » de recherche, de devenir co-auteur de la production de connaissance. Cette « réflexivité » est l'impératif méthodologique qui permet aux SDF d'accepter de devenir, dans une certaine mesure, un objet de recherche.

    Mon expérience est différente et m'amène à questionner la propension des SDF que j'ai rencontré à devenir l'objet de ma recherche, même en qualité de co-auteur. Aujourd'hui, avec du recul, je reste incertain sur les raisons de mon malaise lors des rencontres avec les SDF de mon quartier. Malgré mes difficultés à exprimer clairement mes motivations et le sens de ma démarche, les personnes sans-abri ont accepté, dans l'ensemble, les conversations que je leur proposais si je ne n'abordais pas directement mes préoccupations les concernant. Du point de vue des informations collectées, cette courte expérience a été un succès à la mesure de sa courte durée. En revanche, d'un point de vue relationnel, elle s'est révélée particulièrement inconfortable au point de s'apparenter, de ce point de vue, à un échec.

Au fil des semaines, ces rencontres m'ont exposé à un important sentiment de culpabilité. Au contact du plus grand dénuement, il m'a été difficile d'accepter de créer des relations non orientées vers une assistance significative et le soulagement des personnes rencontrées. Progressivement, ce sentiment de « profiter » de la misère pour un intérêt personnel (obtenir un diplôme, permettre ma promotion sociale, etc.) est devenu insupportable. Au bout de quelques semaines, je me suis trouvé devant l'impossibilité de gérer un sentiment de compassion exacerbé et la culpabilité de ne pouvoir, ou vouloir, aider les SDF rencontrés à la hauteur de leurs besoins. De ce fait, l'avortement de ma démarche après quelques mois, ne me permet pas d'évaluer réellement le potentiel d'adhésion des SDF à ma recherche.

Du fait de ce manque de perspective temporelle, je ne peux faire l'économie d'une analyse de ce sentiment de culpabilisation auquel je me suis confronté. Ma formation initiale d'éducateur spécialisé et mon expérience auprès des SDF étaient censées me préparer à une démarche qui ne peut laisser indifférent. Comme je l'avais déjà expérimenté au SAMU Social, chaque rencontre avec une personne sans-abri est toujours une source de déstabilisation. Cela dit, dans le cadre de mon quartier, malgré mon expérience de la gestion de cette difficulté émotionnelle, il est évident que je me suis laissé déborder par des sentiments qui au bout du compte m'ont empêché de continuer mes observations. Bien sûr, il est possible d'expliquer ce phénomène par une problématique et une fragilité personnelle du moment ; ce n'est pas à exclure mais il me semble plus pertinent de tenter d'objectiver mon ressenti et de l'inclure dans l'ensemble des informations disponibles pour appréhender la réalité observée et rencontrée. En dehors du cadre protecteur de l'institution et de la fonction d'assistance que j'assurais, les rencontres dans le quartier m'engageaient davantage dans mes motivations et dans ma sensibilité. Seul, j'étais plus vulnérable et plus sensible aux effets des rencontres avec les SDF. À travers cette expérience, j'ai pris conscience du rôle prépondérant que les sans-abri étaient susceptibles de tenir dans ce que je considère comme un « bogue » de la « question SDF ». Dans cet exemple, ma culpabilité était étroitement liée à ma représentation de leur souffrance mais aussi à leur capacité à l'exacerber pour augmenter les sources possibles de moyens de subsistance.

Avec le recul, j'ai le sentiment que nos rencontres représentaient un « marché de dupes ». Chacun d'entre nous utilisait finalement la même stratégie mais à des fins différentes : si j'utilisais la relation « ouverte » comme vecteur d'informations, les SDF rencontrés l'utilisaient comme vecteur d'assistance. Finalement, comme aucun de nous ne recevait son dû, personne n'acceptait de donner à l'autre ce qu'il attendait. Ce mode relationnel est susceptible d'être inefficace et de provoquer des déceptions substantielles, comme le montre l'exemple d'Alain.

Cette hypothèse permet de questionner la relation qu'entretiennent les SDF avec leur environnement lorsqu'ils occupent l'espace public. Selon mon expérience, il semble que la tolérance des SDF rencontrés dans la rue à devenir « l'objet » d'une recherche tende à diminuer au fil des années. Si en 1950, il était possible de faire passer dans un café une batterie de tests psychologiques aux SDF, il est aujourd'hui difficile de les persuader simplement de témoigner de leur vie quotidienne. Cependant, il est important de limiter cette évolution aux sans-logis rencontrés directement dans la rue en dehors de toute médiation institutionnelle. En effet, je n'ai eu aucune difficulté à mener des entretiens formels dans le cadre de mon activité au SAMU Social, que ce soit dans la rue ou dans un centre d'hébergement. Cette nuance me permet de proposer l'hypothèse suivante : les SDF ont radicalisé la fonction de l'espace public, qu'ils mettent au service de la recherche d'une relation d'assistance. Finalement, leur visibilité n'est pas synonyme d'une disponibilité relationnelle, ni d'une demande relationnelle, d'une manière générale, mais représente une stratégie de subsistance : la visibilité des SDF dans les rues est avant tout une invitation à l'assistance pour les passants et les riverains. Toute approche personnelle est ainsi acceptée tant qu'elle n'exclut pas la possibilité d'apporter une aide. C'est certainement en fonction de cet espoir entretenu par mes propositions de relation « ouverte » que les rencontres avec les SDF de mon quartier représentent, malgré tout, une source importante d'informations.

Si l'on suit cette logique à son terme, il est alors possible de mieux comprendre pourquoi j'ai été amené à douter du bien fondé de mon hypothèse de recherche. Les stratégies des SDF pour maximiser les chances d'obtenir une assistance sur la voie publique consistent précisément à dissimuler et à minimiser leurs capacités aux yeux des riverains ou des passants. C'est-à-dire à jouer le jeu de l'inaptitude et de la souffrance impuissante. En évoquant directement la réalité de ces stratégies, j'ai privé mes interlocuteurs d'une des dernières armes dont ils disposent et, de surcroît, qu'ils utilisent plus ou moins inconsciemment. Leur déni de mon hypothèse de travail me semble correspondre à une ultime tentative de conserver l'une des rares prérogatives que leur domination sociale permet.

Je tiens à préciser que mon propos ne consiste pas à privilégier un terrain plutôt qu'un autre. En revanche, il consiste à mettre en évidence la nécessité de questionner le vecteur principal des informations que représente la relation que l'observateur entretient avec les individus « étudiés ». Le questionnement de ce lien en fonction de l'accord qui le fonde permet alors d'objectiver une connaissance subjective et d'augmenter autant son pouvoir « d'intelligibilité », pour reprendre un mot d'Abélès. En ce sens, la notion de terrain ethnologique correspond moins au sujet étudié qu'à l'observatoire utilisé pour le rencontrer. De ce fait, le SAMU Social et mon quartier représentent deux terrains qui offrent des perspectives différentes sur les mêmes réalités.

Cette mise en perspective permet également de dépasser certaines difficultés que les rencontres suscitées par l'observation ethnologique de l'Autre ne manquent pas de poser régulièrement. Cette réflexion m'a permis de mieux cerner les enjeux des rencontres avec les SDF de mon quartier et d'utiliser une expérience qui reste désagréable mais qui trouve, malgré tout, un intérêt ethnologique. Elle me permet aussi d'envisager une nouvelle approche méthodologique si cette recherche devait se poursuivre. Par exemple, il me semblerait intéressant de rencontrer les parisiens qui depuis des années sont parvenus à nouer des relations avec les SDF de leur voisinage et d'en analyser les ressorts. Quelques démarches en ce sens, m'ont indiqué que ces rencontres étaient le plus souvent basées sur une assistance régulière. Cette proximité construite sur un engagement personnel important s'accompagne régulièrement d'une intimité et d'une connaissance fine de la réalité des SDF côtoyés.

Les SDF en tant que groupe : une rationalité spécifique ?

La « question SDF » est délicate tant elle impose à l'observateur une confrontation problématique entre une altérité radicale, une proximité géographique et une inclusion dans son propre système culturel. De plus, l'existence d'un groupe SDF est à discuter tant cette nébuleuse regroupe en son sein de populations hétérogènes et représente avant tout un concept utilisé par une société pour appréhender une partie d'elle-même.

En m'intéressant aux usagers du SAMU Social, j'ai rencontré des individus qui en s'adressant à un même dispositif d'assistance institutionnelle ont développé des pratiques communes. Souvent, ces pratiques se doublent d'un sentiment d'appartenance au groupe de ceux qui fréquentent la même institution. Grâce à ma propre appartenance au dispositif, j'ai eu la possibilité de partager du temps et du quotidien avec ceux qui composent ce groupe d'usagers qu'ils soient simplement approchés ou contactés ou encore hébergés par les équipes.

Dans le cadre de mon quartier d'habitation, le point commun entre les personnes rencontrées résidait dans leur pratique, au moment de l'observation, de privatisation de l'espace public de jour et/ou de nuit afin de pallier l'absence de domicile. Pour autant, la majorité de ces personnes vivaient seules et ne partageaient aucune relation visible avec ceux qui se trouvaient dans la même situation parfois à quelques mètres. Depuis ce poste d'observation, leur isolement des autres SDF et le dénuement matériel très important dans lequel ils vivent est particulièrement frappant. Si certains sont équipés d'un caddie, d'un matelas, d'un vélo ou de valises, d'autres ne possèdent rien et, chaque nuit, renouvellent un équipement de récupération pour dormir. Certains renoncent même à tout matériel. La difficulté pour l'ethnologue consiste alors à tenter d'étudier un univers culturel fondé, d'une manière générale, sur l'absence, l'invisibilité et l'isolement entre pairs.

D'après François Laplantine[54], « *l'ethnologie est d'abord une activité visuelle ou, comme le disait Marcel Duchamp de la peinture, une activité rétinienne* ». C'est aussi, toujours selon cet auteur, « *non plus une réflexion abstraite et spéculative sur l'homme en général, mais l'observation directe de comportements sociaux particuliers à partir d'une relation humaine, la familiarité avec des groupes que l'on cherche à connaître en partageant leur existence* ». Ces quelques lignes extraites d'un manuel destiné aux étudiants rappellent la spécificité d'une science sociale qui s'accommode difficilement du manque « d'observabilité » des modes de vie et des rapports sociaux. C'est certainement cette difficulté à laquelle Patrick Declerck s'est confronté dans *Les naufragés* lorsqu'il se demande en introduction, « *comment faire de la science avec rien ou presque ?* ».

Pourtant, il y a bien une vie à observer puisque des milliers de personnes vivent régulièrement dans les rues de Paris au vu et au su de tous. Malgré l'extrême difficulté de cette vie sans logement fixe qui malmène autant les corps que les esprits, de nombreux SDF parviennent à se construire une existence et à résister de longues années en alliant une présence dans l'espace public avec des hébergements ponctuels. La plupart des SDF, même s'ils bénéficient régulièrement de prises en charge

---

[54] Laplantine F., *La description ethnographique*, Nathan université, Collection 128, 1996, Paris, p.7.

(hébergement d'urgence, hospitalisation, accueil de jour, etc.) sont amenés quotidiennement à séjourner dehors et régulièrement à y dormir. Ce passage obligé contraint la grande majorité des SDF à développer la capacité de résider dans l'espace public urbain. À mon sens, cet ensemble de savoir-faire représente une compétence variablement développée mais toujours présente chez les SDF réguliers. De plus, il est rare qu'un SDF décide de ne jamais recourir à l'assistance qu'elle soit individuelle (passants et/ou riverains) ou institutionnelle (RMI, banque alimentaire, centre de soins spécialisés, centre d'hébergement d'urgence, 115, etc.). Ce recours massif à l'assistance constitue également un savoir-faire spécifique ; la mendicité est régulièrement étudiée à ce titre. La relation aux institutions caritatives, et la capacité reconnue à adapter son discours pour bénéficier d'une assistance soumise à la pression des très nombreuses demandes et de la pénurie de moyens, représente un autre exemple. D'autres seront abordés dans ce livre.

Ces deux axes de l'expérience des SDF – résider régulièrement dans l'espace public et recourir massivement à l'assistance – définissent un mode vie commun à une population pourtant hétérogène. Au-delà, ils impliquent l'usage de savoirs-faire spécifiques, de pratiques propres et, plus généralement, d'un rapport commun au monde. Par exemple, l'obligation de vivre régulièrement sur un trottoir modifie profondément le mode relationnel que l'on peut entretenir avec les autres, mais aussi avec soi-même. Le fait de vivre sous les regards transforme le rapport à l'intimité, à l'hygiène ou à la propriété et au temps. Aussi, la pauvreté et la nécessité de recourir aux différentes formes d'assistance imposent une structure asymétrique aux ADF, comme le souligne

Patrick Declerck[55] dans un entretien: « *Et puis va se poser aussi entre nous la question de la richesse. Vis-à-vis des clochards, je suis une sorte de multimillionnaire. La question du luxe dans lequel nous vivons, du luxe inimaginable dans lequel nous vivons par rapport à un type qui vit dans la rue se pose nécessairement, elle est là tout le temps ».*

Pour autant, existe-t-il une rationalité propre au groupe des SDF ? Définir la rationalité d'une manière générale n'est pas chose facile. Pour le dictionnaire critique de la sociologie[56], « *il ne peut exister de définition générale de la notion de rationalité ».* Du point de vue des sciences économiques, il s'agit d'une adaptation des moyens aux fins. Cette définition simpliste montre que la rationalité est avant tout définie par des actions ou par l'énoncé de ces dernières. La rationalité peut donc être considérée comme une théorie de l'action. Selon Michel Dubois[57], il existe cinq types de rationalité qui correspondent à la déclinaison de la formule, « *en quoi X avait de bonne raison de faire Y car... ».* Selon cette typologie, une personne agirait pour défendre ses intérêts (utilitaire), pour atteindre un objectif (téléologique), par morale (axiologique), par habitude (traditionnelle), ou par connaissance (cognitive).

Les difficultés à évaluer la rationalité d'un individu se multiplient lorsqu'il évolue dans des contextes d'incertitude soumis à de fortes interactions, ou « exotique » par rapport à l'univers culturel de l'observateur. Dans ce dernier cas, la rationalité est particulièrement difficile à appréhender puisqu'elle implique une compréhension des processus observés dans

---

[55] *L'urgence de la misère, op. cit.*, p.173.
[56] Boudon R., Bourricaud F., PUF, Paris, 1982.
[57] Dubois M., *Premières leçons sur la sociologie de Raymond Boudon*, PUF, 2000. Paris, p. 31.

le cadre du système « local » qui lui garantit une cohérence. Elle nécessite aussi une prise de distance avec les références culturelles du chercheur. La question de la rationalité des croyances ou des mythes est souvent utilisée pour illustrer la complexité de cet exercice.

Pour éviter les pièges de l'ethnocentrisme, la théorie de l'action propose de définir la rationalité en fonction de sa capacité à constituer des guides d'action efficace pour les acteurs du contexte observé, même s'ils ne le sont pas aux yeux de l'observateur. Pour Pierre Bourdieu[58], c'est précisément la fonction de la sociologie, et de l'anthropologie en général, de déterminer ce qu'il appelle « le principe de raison suffisante » qui suppose que « *les agents sociaux ne font pas n'importe quoi, qu'ils ne sont pas fous, qu'ils n'agissent pas sans raison. (...) La sociologie postule donc qu'il y a, dans ce que font les agents, une raison qu'il s'agit de trouver ; et qui permet de rendre raison, de transformer une série de conduites apparemment incohérentes, arbitraires, en série cohérente, en quelque chose que l'on peut comprendre à partir de principes* ». Par conséquent, l'évaluation de la rationalité d'un individu est étroitement liée à la détermination et à la compréhension de son système culturel de référence. Comme nous l'avons déjà évoqué pour les SDF, cette détermination n'est pas facile et pose finalement la question de savoir s'il existe une culture spécifique à ce groupe.

Selon Le Petit Larousse, la culture se définit par « *L'ensemble des usages, des coutumes et des manifestations religieuses qui définissent un groupe, une société* ». En tant que groupe avec ses usages et sa vision du monde, il existe donc une culture SDF. Cependant, ces

---

[58] Bourdieu P., *Raisons pratiques. Sur la théorie de l'action*, Editions du Seuil, Paris, 1994, pp. 149-150.

derniers appartiennent aussi à la culture de la société urbaine dans laquelle ils évoluent, même s'ils s'en distinguent par leurs usages hors normes. Et c'est précisément en fonction de la place que cet environnement dominant leur attribue que se fonde leur cohérence groupale. Par exemple, s'il y a vingt ans, l'existence des SDF était profondément structurée autour d'un souci de se cacher pour éviter la police[59], aujourd'hui, il s'agit d'être visible pour être assisté. En abandonnant la répression au profit d'une approche assistancielle, le corps social a profondément influencé la culture du groupe SDF. Il est donc impossible de séparer l'étude des stratégies SDF de l'étude de la culture sociétale dominante qui, en définissant les attitudes vis-à-vis de ces derniers, représente une base de référence pour l'organisation de leur vie quotidienne. Selon cette hypothèse, il existe une culture SDF mais totalement imbriquée dans une culture « englobante » et dominante avec laquelle elle entretient des relations filiales. Et c'est dans le cadre de cette interaction que les stratégies des SDF prennent leur sens.

Dans ce contexte, quel est le cadre de référence pour l'observateur qui cherche à évaluer la rationalité des stratégies SDF ? Dans un premier temps, il est indispensable de se référer à la culture propre du groupe qui se fonde sur l'obligation de résider dans l'espace public et de recourir massivement à l'assistance. Si l'on n'intègre pas à l'analyse ces données fondamentales, il est impossible d'évaluer la rationalité des SDF. Il est ensuite nécessaire de considérer les relations que ce groupe entretient avec l'environnement culturel qui l'englobe et qui le détermine totalement. En ce sens, s'il existe une

---

[59] De nombreux témoignages de SDF décrivent ce phénomène dont celui de Y. Leroux et D. Lederman, Le *cachalot. Mémoires d'un SDF*, Editions Ramsay, Paris, 1998.

rationalité spécifique aux SDF, son évaluation ne peut se limiter au cadre de référence de ce groupe. À mon sens, cette réflexion montre les limites du concept de culture. Dans le cas qui nous intéresse, il existerait une culture englobée et déterminée par une autre culture. L'utilisation d'un même mot pour ces deux entités différentes n'est pas opérante et ne peut soutenir totalement une réflexion approfondie.

Dans leurs travaux, déjà anciens, Kluckhohm et Kelly[60] définissent la culture comme *« un système historiquement formé de modèles de vie explicites ou implicites qui tend à être partagé par tout ou partie d'un groupe »*. Cette définition introduit la notion fondamentale de système culturel qui intègre une combinaison d'éléments spécifiques de manière à former un ensemble. Intéressons-nous également au concept de « champ » développé par Pierre Bourdieu. Le champ est défini comme un microcosme inclus dans l'espace global qui dispose d'une loi propre. Cependant, d'après le sociologue, aucun champ n'est objectivement indépendant puisqu'il appartient à l'espace social global. Il existe dans chaque champ un « habitus », c'est-à-dire un système de règles que ses membres adoptent plus ou moins et « l'illusio » qui correspond à l'implication de chacun dans cet espace. C'est en fonction de « l'habitus » et de « l'illusio » que les acteurs de chaque champ déterminent leur prise de position. Enfin, les « diffusionnistes » proposent d'utiliser les outils conceptuels « d'aire culturelle » et de « traits culturels ». Selon cette théorie, la culture est un ensemble de petits composants qui partagent des traits communs tout en se distinguant par ailleurs : *« Au centre de l'aire culturelle se trouvent les caractéristiques fondamentales*

---

[60] Kluckhohm C., Kelly W.H., *The concept of culture*, Editions The science of man in the world crisis, New-York, 1945, p. 98.

d'une culture ; à sa périphérie, ces caractéristiques s'entrecroisent avec des traits provenant des aires voisines[61] *».* Ces références, très brièvement abordées, proposent des perspectives qui permettent d'aborder plus finement les questions de culture et de rationalité SDF. Ces auteurs nous invitent, en suivant leurs raisonnements, à considérer que les SDF constituent un élément parmi d'autres dans un ensemble culturel de référence plus vaste auquel ils contribuent à fonder l'équilibre. Leurs appartenances sont donc plurielles et excluent toute étude qui les considèrerait comme une tribu autonome ou, au contraire, comme des individus isolés et privés d'appartenances interculturelles.

Si la question du cadre de référence est complexe, il est évident que les SDF possèdent, comme tout un chacun, une culture et une rationalité : comme l'affirme Pierre Bourdieu, *« les individus ne sont pas fous et ils ne font pas n'importe quoi ».* Pourtant, les SDF sont souvent exclus de ce postulat. Nombre de questions, dont la formulation orientée suggère une réponse, sont posées et contribuent régulièrement à nier toute leur rationalité. Par exemple, n'existerait-il pas un syndrome de désocialisation qui viendrait augmenter les conséquences des nombreuses fermetures de lits d'hôpitaux psychiatriques en jetant des milliers de malades mentaux dans la rue ? Et puis, sans être fous préalablement, ne le deviennent-ils pas à la suite du traumatisme de leur naufrage personnel qui les amène à se retrouver à la rue du jour au lendemain ? Enfin, la domination sociale qui pèse sur les SDF, ne réduit-elle pas toute possibilité d'expression d'une rationalité ?

En 2002, les Cahiers internationaux de sociologie ont publié une étude intitulée « L'affichage du corporel

---

[61] Cuche D., *La notion de culture dans les sciences sociales,*, La découverte Collection Repères, paris, 2004, p. 31.

comme ruse du faible : les SDF parisiens ». Pour ses auteurs[62], si *« l'univers des possibles »* des SDF est extrêmement limité, ce n'est pas au nom d'une déficience mentale ou culturelle mais à cause d'une position sociale aliénante. Cette conception a le mérite de ne pas nier la rationalité des SDF, qui sont reconnus comme des agents sociaux, et de considérer la faiblesse de leur libre-arbitre en fonction du jeu des relations sociales. De ce fait, les SDF retrouvent une place dans le corps social en tant que victimes, statut dont ils peuvent, en contre-partie, tirer certains bénéfices. En effet, ces populations utilisent les représentations sociales des privations dont ils souffrent pour obtenir des ressources en affichant les stigmates de leur misère. Ainsi, le traitement social des SDF en tant que dominés, tout en les soumettant à des contraintes, leur offre des issues et des espaces de liberté. Parmi leurs interrogations, les auteurs reconnaissent donc aux SDF une rationalité et une capacité à adopter des comportements pour agir, à leur profit, sur leur environnement social. C'est suffisamment rare dans la littérature sur le sujet pour être souligné et lu avec intérêt.

Parmi leurs préoccupations, ces auteurs cherchent à définir les actes des SDF qui témoignent de leur « maigres chances » de se garantir un minimum de liberté malgré leur situation de domination sociale : *« Ici se pose un problème terminologique. Pour ne pas régler d'emblée le problème épineux du degré de contrainte et de liberté dont disposent des agents qui subissent une situation de domination extrême, on emploiera volontiers les termes neutres de conduites, de postures, ou encore d'ajustements*

---

[62] Memmi D., en collaboration avec Arduin P., « L'affichage du corporel comme ruse du faible : les SDF parisiens », *in Cahiers internationaux de sociologie*, PUF, Volume CXIII, Paris, juillet-décembre, 2002, pp. 213-232.

à un univers des possibles, fût-il très restreint. *À propos de l'expérience concentrationnaire, Michaël Pollak souligne " l'erreur qui consisterait à analyser la survie en termes de stratégies" (ne serait-ce que parce "qu'aucun déporté n'a de vision globale et exhaustive de la réalité du camp et que la connaissance du camp s'élabore en même temps que les tentatives pour améliorer la position qu'on y occupe"[63]) et parle sagement de "formes d'ajustement à l'univers concentrationnaire". Pas plus que lui, nous n'emploierons ici le terme de stratégies, serait-ce sous la forme atténuée de " stratégies inconscientes" que propose Pierre Bourdieu afin de régler le débat contrainte/liberté. Quant à Goffman, il parle " d'adaptation secondaires" (à l'institution totale) dans Asiles, mais aussi dans Stigmate – et c'est plus utile pour nous ici – de "réponses au stigmate". L'analyse en termes de tactique, proposée par Michel De Certeau, et que nous retiendrons finalement, doit être utilisée avec la même prudence. (...) Rappelons que dans Arts de faire, De Certeau définit ainsi les " tactiques" à court terme des dominés : " la tactique n'a pour lieu que celui de l'autre (...). Elle n'a pas les moyens de se tenir en elle-même à distance, dans une position de retrait, de prévision, et de rassemblement de soi : elle est mouvement 'à l'intérieur du champ de vision de l'ennemi', comme le disait von Bulow. Elle n'a donc pas la possibilité de se donner un projet global ni de totaliser l'adversaire dans un espace distinct, visible et objectivable. Elle fait du coup par coup. Elle profite des occasions et en dépend, sans base où stocker des bénéfice (...). Ce qu'elle gagne ne se garde pas". ».*

---

[63] Pollak M., *L'univers concentrationnaire. Essais sur le maintien de l'identité sociale*, Métaillié, Paris, 1990, p.280.

Cet extrait questionne le degré de liberté des SDF à travers leurs actes qu'il convient alors de définir de manière adéquate. Ainsi, nous découvrons l'étendue du vocabulaire disponible et les propositions des différents chercheurs qui ont travaillé sur la question de la définition d'une liberté en actes dans un contexte oppressif : conduite, posture, ruse, ajustement, adaptation secondaire, tactique, stratégie inconsciente et, enfin, stratégie. Si l'incertitude s'impose à Memmi et Arduin quant au terme adéquat, ils nient fermement la possibilité que les SDF adoptent des stratégies. En définissant implicitement ce qu'est une « stratégie » et qu'elle serait sa différence formelle d'avec une « tactique », ils considèrent dans leur argumentation que l'insuffisante maîtrise des SDF sur leur environnement est incompatible avec la possibilité d'adopter des stratégies : ils ne bénéficieraient pas d'une maîtrise suffisante pour adopter des stratégies tant ils agiraient au coup par coup sans grande possibilité de se projeter dans le temps. Surtout, les SDF ne possèderaient pas « *la vision globale et exhaustive de la réalité* » de leur environnement ; cette affirmation centrale à leur argumentation me semble critiquable. En effet, qui peut revendiquer une telle vision globale de la réalité ? Chaque agent social ne possède qu'une vision partielle des milieux qu'il fréquente et se représente les autres comme il le peut ; le simple fait d'être inscrit socialement dans un milieu limite l'accès aux autres. Souhaiter passer les frontières sociales ou culturelles représente un exercice long et difficile comme l'illustre l'activité ethnologique. Ensuite, cette affirmation ignore la capacité des SDF à connaître l'environnement social dans lequel ils évoluent. C'est paradoxalement l'un des bénéfices de leur situation que de connaître plusieurs milieux puisque, d'une part, personne ne naît dans la rue et que, d'autre part, ils sont amenés à côtoyer de multiples milieux et institutions. Au-delà, leur « naufrage » et leur vie quotidienne représentent une expérience riche et instructive à plusieurs égards. Sans nier la souffrance qui s'y attache, je suis toujours frappé par la lucidité des SDF et par leur faculté à identifier les enjeux sociaux dans lesquels ils sont pris. Enfin, leur résidence dans la rue ne les empêche pas, bien au contraire, de rester informés des actualités en lisant les journaux ramassés ou les unes affichées sur les kiosques à journaux, en écoutant la radio ou en regardant la télévision dans les centres d'hébergement d'urgence. Au passage, il est à noter que la vie de ces populations est une fois de plus considérée comme une survie, et en tant que telle, comparée à l'existence des déportés enfermés dans les camps de concentration nazis au nom de leur domination extrême. Je dois dire que cette référence me sidère et me semble totalement inappropriée. Les SDF sont libres de leurs mouvements (certains voyagent en France et en Europe) et leur domination sociale ne s'exerce pas par des hommes en armes (d'autant moins depuis 1994 avec la suppression du délit de vagabondage). Et surtout, il n'y a aucune volonté de les « exterminer » ; dans les pires des cas, des arrêtés administratifs tentent de les éloigner des centres-villes.

D'après ces auteurs, à défaut d'être des stratèges, les SDF ne seraient que des tacticiens. Selon l'origine militaire rappelée à plusieurs reprises dans l'extrait choisi, la stratégie consiste à déterminer les moyens de gagner la guerre dans une projection globale et à long terme, alors que la tactique ne se préoccupe que de remporter une bataille. Transposée à la vie sociale, cette distinction définit deux types d'actions : celles qui visent un objectif immédiat dans une réaction de l'instant, et celles qui nécessitent une anticipation et la possibilité de respecter, mais aussi de réussir le calendrier des étapes prévues. Les SDF seraient condamnés à ne saisir que les opportunités du moment et de renoncer à celles qui nécessitent une projection dans le temps. Finalement, cet ultime refus du spécialiste de considérer les SDF comme des agents sociaux à part entière – à la fois tacticiens et stratèges - présume que la domination sociale détermine la capacité individuelle à faire des choix et à être acteur de sa propre existence.

Si le fait de devenir sans-abri n'est jamais consécutif à un choix, l'existence recréée au fil des jours leur offre des espaces de liberté nécessaires au choix et au développement de tactiques, mais aussi de stratégies spécifiques ; c'est-à-dire d'actions coordonnées dans le temps pour atteindre un but qui améliore le quotidien. Dans la mesure où les SDF sont extrêmement dominés par un univers social qui leur laisse une liberté réduite, leurs actions sont largement soumises au cadre préexistant dans lequel ils évoluent. C'est pourquoi la typologie des stratégies que je propose est fonction du type de relation – tissée essentiellement en réaction - que les SDF entretiennent avec leur environnement social. D'après mes observations, on peut distinguer trois catégories de stratégies : des adaptations, des détournements et des inventions. Pour évaluer la pertinence de cette typologie, je propose de la soumettre à l'épreuve de la description des stratégies que j'ai observées au SAMU Social et dans les rues de mon quartier d'habitation. Dans un premier temps, nous allons nous intéresser aux stratégies qui permettent d'augmenter les possibilités d'hébergements d'urgence puis, dans un second temps, celles qui permettent de résider dans l'espace public durablement.

Stratégies d'obtention d'un hébergement d'urgence

Le 24 avril 2003, le 115 parisien a reçu 1 239 appels de numéros différents et a répondu à 1062, soit 82% d'entre eux. Sur les 2300 places d'hébergement d'urgence disponibles, 900 sont attribuées par cette centrale de réservations et de renseignements (1000 par Emmaüs et le reste par la police et la RATP)[64]. Ces 900 places ne sont pas réatribuées chaque jour car les centres d'hébergement ont la possibilité de prolonger la durée du séjour de chacun de leurs usagers. Cette prérogative appartient aux travailleurs sociaux qui reçoivent les SDF le matin et évaluent leurs projets et la pertinence des demandes individuelles. De ce fait, les possibilités d'attribution de places *via* le téléphone diminuent considérablement : en moyenne, il reste moins de 300 disponibilités (220 en journée et 80 la nuit) pour plus de 1200 demandes. À cette insuffisance de moyens, il faut ajouter une gestion des disponibilités totalement hasardeuse. Chaque centre informe le 115 de ses possibilités d'accueil en fonction des prolongations et des désistements par définition imprévisibles. Cette même journée d'avril, la première demande a été refusée, faute de place, à 7h30 du matin. Ainsi, la demande d'une personne qui appelle régulièrement et quotidiennement est susceptible d'être rejetée pendant plusieurs jours d'affilée. La pénurie de lits et l'imprévisibilité des disponibilités apparentent le 115 à une véritable loterie dont les gains consistent à bénéficier le plus souvent d'un lit jusqu'au lendemain matin.

---

[64] *L'urgence de la misère, op. cit.*, p. 39.

La tension entre l'ampleur de la demande et la faiblesse des disponibilités parisiennes en matière d'hébergement d'urgence est un élément fondamental pour comprendre la relation qui unit les SDF aux équipes du SAMU Social parisien[65]. Pour gérer cette pénurie, ce dernier a choisi d'instituer le hasard comme principal déterminant d'attribution. Le 115 représente l'exemple le plus significatif puisque la difficulté à joindre le standard s'ajoute à la faible probabilité que la formulation de la demande coïncide avec une disponibilité. Dans ce contexte d'incertitude, la seule stratégie pour augmenter ses chances d'obtenir satisfaction, consiste à multiplier les tentatives téléphoniques à toutes les heures de la journée. Dans leurs principes, « le signalement de particuliers » et la maraude utilisent également le hasard comme mode de sélection. Bien sûr, le « signalement de particuliers » a été pensé comme un moyen de vigilance proposé aux citoyens qui rencontrent un SDF nécessitant une assistance sociale ; l'urgence sociale est donc théoriquement le déterminant. Dans les faits, il est difficile de définir *a priori* ce qui amène un passant ou un riverain à solliciter auprès du 115 une prise en charge pour un sans-abri. Si une enquête est susceptible de les identifier, ces raisons ne dépendent que très rarement de la volonté des SDF qui ne sont, dans ce cadre d'intervention, que des objets soumis à la vigilance populaire. Enfin, en créant une déambulation motorisée, le SAMU Social instaure très clairement le hasard comme vecteur de rencontre. Cette errance organisée est souvent difficile à supporter dans la pratique quotidienne des Equipes Mobiles. Mais, si la tentation est grande d'aller de

---

[65] Le 115 est un service national sous la tutelle de l'Etat qui délègue cette fonction à des structures départementales telles que des mairies, des préfectures, des hôpitaux des institutions publiques ou encore des associations. Depuis sa création en 1997, c'est le SAMU Social qui gère la centrale téléphonique de la capitale.

temps à autre vers des lieux peuplés de SDF connus, le modèle de référence pour les équipes demeure les rencontres fortuites, c'est-à-dire nouvelles, et en tout cas non provoquées par les SDF.

Cette mise en perspective du cadre de rencontre organisé par le SAMU Social met en évidence la complexité et la nature du jeu auquel les SDF sont contraints de se prêter ; l'incertitude est reine et les gagnants sont rares. Si toutes les institutions parisiennes qui proposent de l'hébergement d'urgence sont confrontées à la même pénurie, certaines ont choisi le mode d'attribution par roulement. Ce fonctionnement consiste à prendre en charge une personne plusieurs jours, au terme desquels une période de « carence » de plusieurs semaines est imposée jusqu'à un nouveau cycle de prise en charge. Les deux systèmes ont leurs avantages et leurs inconvénients et, au-delà, ont en commun d'imposer aux SDF une assistance précaire aux conséquences potentiellement désastreuses. Ainsi, de nombreuses personnes passent l'essentiel de leur journée et de leur nuit à chercher un hébergement en abandonnant tous les autres projets et aspects de leur existence. Finalement, en instituant un système basé sur l'incertitude, le SAMU Social limite de fait les possibilités pour les SDF d'élaborer des stratégies et les assujettit encore davantage. Ce système constitue un pouvoir absolu selon la définition de Pierre Bourdieu [66] : « *Le pouvoir absolu est le pouvoir de se rendre imprévisible et d'interdire aux autres toute anticipation raisonnable, de les installer dans l'incertitude absolue en ne donnant aucune prise à leur capacité de prévoir. Limite jamais atteinte, sinon dans l'imagination théologique, avec la toute puissance injuste du Dieu*

---

[66] Bourdieu P., *Méditation Pascaliennes*, Seuil, Collection Liber, Paris, 1997, p. 270.

méchant ; il affranchit son détenteur de l'expérience du temps comme impuissance. Le tout-puissant est celui qui n'attend pas et qui, au contraire, fait attendre. »

Malgré la revendication d'une accessibilité permanente à une assistance offerte aux individus les plus fragilisés et démunis de la société, « ceux qui ne demandent plus rien », le SAMU Social est organisé pour limiter l'accès de ses dispositifs à ceux qui en formulent la demande. Ce que j'appelle le « Syndrome de Don Juan[67] », constitue un paradoxe qui structure fondamentalement la relation des usagers avec le dispositif ; après une période de séduction et d'assistance inconditionnelle, le SAMU Social replace les SDF en position de demande en leur refusant l'assistance promise, essayée, appréciée, adoptée et devenue indispensable à leur vie quotidienne au fil des nuits. Sans entrer dans les détails d'une analyse qui nécessite un long développement, cette organisation particulière est avant tout une méthode pour gérer la pénurie des hébergements, mais aussi une tentative d'empêcher les usagers d'accaparer un dispositif qui, au nom de sa vocation d'urgence sociale, refuse d'instaurer des suivis sociaux. Pourtant, de nombreux SDF parviennent régulièrement (parfois quotidiennement) à bénéficier d'un hébergement en s'affranchissant ainsi des obstacles que l'institution parisienne leur oppose. Cet ensemble hétérogène d'usagers – entre 100 et 200 personnes selon une estimation personnelle déjà évoquée – présentent le point commun de s'attacher les services du SAMU Social malgré les obstacles structurels. Pour ce faire, ces hommes, ces femmes, ces jeunes, ces vieux, ces malades mentaux, ces débrouillards, ces dépendants, ces blessés, etc. mettent en œuvre des stratégies que j'ai entrepris d'identifier. Parmi celles que j'ai observées, trois

---

[67] *L'urgence de la misère, op. cit.*

me semblent se distinguer par leur efficacité et donc par l'ampleur de leur utilisation : le détournement de la maraude, le détournement du « signalement de particulier » et le chantage aux soins infirmiers. Je vais maintenant les évoquer successivement par le biais de cas significatifs.

Chaque nuit de travail des Equipes Mobiles est précédée d'une réunion inaugurale. Elle consiste à composer les équipes et à fournir les informations nécessaires à l'activité nocturne. En avril 2003, au cours de l'un de ces « briefing », un travailleur social est intervenu pour demander l'arrêt du traitement de faveur accordé régulièrement à Grégory. Ce dernier est connu pour se poster chaque nuit depuis deux ans sur la route des véhicules qui déposent les futurs hébergés au centre d'accueil d'urgence de Montrouge. Attendant à un feu tricolore, il croise tout au long de la nuit le flot régulier des véhicules et profite de leurs multiples passages pour solliciter une prise en charge directe. En plus d'imposer l'arrêt au rouge, ce point de passage obligé est également un lieu de rendez-vous proposé à ceux qui ont obtenu une place d'hébergement par le 115. Ainsi, de nombreux SDF attendent chaque soir à cet endroit le véhicule promis sans lequel l'accès au lit d'urgence réservé au téléphone ne peut se concrétiser. Profitant des nombreux passages et arrêts des Equipes Mobiles, Grégory sollicite une prise en charge et l'obtient régulièrement dans le cadre de la maraude. L'intervention du travailleur social consistait à dénoncer une pratique contradictoire avec les règles institutionnelles du SAMU Social de Paris : théoriquement, la maraude est réservée à ceux qui ne la demandent pas.

Grégory a 39 ans et il fréquente assidûment le SAMU Social depuis trois ans. Il dort presque toutes les nuits dans le même centre sans jamais appeler le 115. Il réalise ainsi le triple tour de force d'être hébergé quand il le souhaite, dans le centre qu'il désire et sans téléphoner ! Fort de cet exploit, il affirme simplement : « *J'ai compris que ce n'était pas en téléphonant que j'avais plus de chance de me faire héberger.* » Sa pathologie mentale assez lourde, l'amène à fabuler et à s'inventer des projets irréalistes qui amusent beaucoup les professionnels des véhicules et des centres d'hébergement. Cette propension à se prévoir un destin irréaliste et merveilleux - il souhaite notamment diriger un casino à Las Vegas - lui permet d'être sympathique aux yeux des professionnels qu'il rencontre. Tout en étant sérieux, ce trouble ne le déconnecte pas totalement de la réalité comme il l'affirme lui-même[68] : « *J'ai le profil physique mais pas le psychologique à 100%. Disons que je l'ai à 60%. Je suis qu'à 50% dans le concret* ». Cet ancrage partiel « dans le concret » lui permet d'expliquer son choix de se passer du central de réservation téléphonique : « *Je pense que le 115 ne marche pas pour moi car il doit y avoir quelque chose marqué sur mon dossier dans l'ordinateur[69]. J'ai compris qu'ils repèrent quelque chose puisque dans les lits, je vois des mecs qui arrivent dans les dortoirs à 4h00 du matin. C'est donc qu'ils ont appelé alors que l'on m'a dit que c'était complet[70]. Donc, il y a un truc que je ne peux pas*

---

[68] *L'urgence de la misère*, op. cit., pp.158-169.
[69] On pourrait interpréter cette déclaration comme un signe de paranoïa mais le SAMU Social de Paris dispose d'un logiciel – le 4 D – qui garde la trace de tous les appels, des situations et des prises en charge des personnes qui appellent le 115. Il doit être effectivement signalé que cette personne souffre d'un problème psychiatrique sans que, cependant, cela n'empêche d'aucune façon sa prise en charge, s'il téléphonait.
[70] Cet argument est souvent utilisé par les usagers et alimente la croyance que le 115 ment lorsqu'il affirme au téléphone que les lits sont « épuisés ». En fait, il faut distinguer les lits mis à la disposition des SDF qui appellent eux-mêmes et les lits mis à la disposition de la

expliquer parce que l'on ne me le dit pas mais j'ai compris qu'ils sélectionnent. C'est comme dans le travail. C'est une vie, c'est une société où il faut passer sous le profil physique et psychologique ». Même s'il se trompe dans son analyse, sa pathologie ne l'empêche pas d'être rationnel et de concevoir une stratégie pour améliorer sa vie quotidienne. Il n'est pas le seul SDF parisien à intercepter les véhicules sur leurs passages mais, à ma connaissance, il est celui qui sait tirer le meilleur parti de cette stratégie de détournement du dispositif.

D'une manière générale, il est déconseillé de prendre les personnes qui interceptent les camions aux abords des centres d'hébergement car ces prises en charge mettent en péril le système du 115 : si les camions acceptent trop souvent, l'information se transmet et progressivement les groupes aux abords des centres d'hébergement grossissent. Dans les faits, il est rare que ces personnes ne soient pas acceptées par un camion. Il y en a toujours un qui « craque » au cours de la nuit. En effet, c'est une situation particulièrement culpabilisante car de la volonté de chaque équipe dépend la possibilité pour un individu de bénéficier d'un repas chaud et d'un lit pour la nuit. Culpabilisant et pervers car ne pas le faire, c'est inhumain et l'accepter, c'est mettre en péril le système du 115. Cette stratégie met également en évidence la soumission des équipes à la demande de ceux qui les interpellent. Dans de tels cas, le camion doit s'arrêter pour considérer la nature de la demande. Ce volet « aide et assistance » des Equipes Mobiles implique d'évaluer l'urgence de la demande. Bien que disponibles, les camions ne sont pas prévus pour

---

maraude des équipes Mobiles d'Aide. Si la disponibilité des premiers s'épuise assez tôt dans la soirée, celle des seconds perdure souvent jusqu'a deux ou trois heures du matin. Et parfois, les places réservées pour la maraude ne trouvent pas preneur.

répondre à ces demandes directes qui doivent passer par le 115. Cette tension est encore accentuée par le fait que l'institution laisse une marge de manœuvre aux équipes dans ce domaine si ces dernières jugent que la situation d'urgence rencontrée nécessite une entorse aux règles de fonctionnement. Cette relative liberté place les professionnels dans des dilemmes qui les soumettent à une tension continue d'autant moins facile à gérer que les personnes en demande sont en souffrance. Les SDF qui utilisent cette stratégie connaissent ces contradictions institutionnelles, mesurent le malaise des équipes et les exploitent à leur profit. Ces stratégies témoignent donc de la capacité de ces SDF à comprendre les enjeux institutionnels et relationnels dans lesquels ils sont placés et d'une faculté à tirer profit des failles du dispositif. Cela dit, la capacité analytique n'est pas suffisante pour expliquer la réussite de cette stratégie de détournement qui nécessite également une capacité à créer et entretenir une relation d'assistance.

Grégory est parvenu au fil des nuits à créer avec les équipes une relation que l'on peut qualifier de sympathie dans son cas et qui lui permet de s'attacher une assistance hors cadre soumise au bon vouloir de ses interlocuteurs. Et il ne s'agit pas simplement d'intercepter les camions et de jouer sur la culpabilité de ses occupants, mais également d'entretenir l'équilibre fragile entre ce qu'il demande et ce qu'il peut obtenir. Il s'agit d'un détournement qui scelle une coopération entre une partie des équipes et des hébergés contre le système institutionnel. Bien sûr, tous les intervenants des Equipes Mobiles ne participent pas à ce détournement comme le démontre l'intervention du travailleur social. Il s'agit d'une pratique soumise à un accord tacite qui se transmet dans les équipes de camions en dehors de tout contrôle de la hiérarchie et largement en fonction des affinités entre collègues. Les renouvellements d'équipes fragilisent cette pratique et nécessitent fréquemment la création d'un nouveau réseau au sein des équipes ; dans tous les cas, la personne bénéficiaire en est le principal animateur en fonction de sa personnalité. En interne, ce détournement de la maraude « pure » est qualifié de maraude « dirigée » et bénéficie plus ou moins régulièrement à une trentaine de SDF. Certains, les plus chanceux, sont directement pris en charge sur leur lieu de vie sans avoir besoin d'intercepter les Equipes Mobiles. Finalement, ces SDF partagent une même capacité à se démarquer de la masse des milliers de SDF pris en charge annuellement en sachant créer avec les équipes du SAMU Social un lien d'attachement qui incite ces dernières à aménager l'assistance en repoussant les limites initialement prévues par ses concepteurs.

Ce détournement du dispositif représente une stratégie parce qu'elle nécessite une volonté d'améliorer son quotidien, une projection dans le temps, une capacité à analyser sa situation en fonction du contexte, une élaboration d'actions visant à modifier son environnement et des ajustements constants en fonction du « climat » relationnel et institutionnel. Fort d'une rationalité ancrée dans leur réalité, de nombreux sans-abri obtiennent du SAMU Social ce que ce dernier refuse théoriquement de donner.

En dehors du détournement de la maraude, les SDF parviennent également à détourner le « signalement de particulier » de sa fonction initiale. Rappelons que cet élément du dispositif a été conçu comme un outil de veille citoyenne mise à la disposition des ADF. Voici comment le site Internet du SAMU Social parisien présente cet aspect du dispositif[71] :

---

[71] www.samusocial-75.fr

« *Que faire si je rencontre une personne sans-abri ? Etablir le contact... Si vous rencontrez une personne en détresse dans la rue, vous pouvez l'aborder et tenter de lui apporter un peu de réconfort : une poignée de main, une écoute, un dialogue, de la nourriture, des vêtements, une couverture, une cigarette...*

Vous pouvez aussi appeler des secours adaptés à la situation.

En cas d'urgence sociale : le 115. La personne est consciente, elle ne semble pas présenter de problème médical grave. Vous pouvez signaler une personne sans abri au numéro d'urgence 115, en décrivant sommairement sa situation et en précisant le lieu exact où elle se trouve.

En cas d'urgence vitale : le 15. La personne est gravement blessée, elle est inconsciente, elle semble intransportable... ».

Dans ce texte, il est affirmé que le 115 est à l'urgence sociale ce que le 15 est à l'urgence médicale. C'est au nom de cette analogie, qui apparente le 115 à un service d'urgence à part entière, que chaque « signalement de particulier » se concrétise systématiquement par le déplacement d'une Equipes Mobiles à l'endroit indiqué. Cette obligation de rencontrer toute personne signalée par un particulier amène certains sans-abri à convaincre un riverain de les signaler. C'est alors l'assurance pour la personne de rencontrer une équipe et d'augmenter fortement ses chances d'être prise en charge. En effet, cette dernière qui se déplace propose systématiquement un hébergement dans la limite de la disponibilité des places réservées à la maraude. Ces places, attribuées à la demande des Equipes Mobiles restent disponibles jusque tard dans la nuit alors que celles attribuées par le 115 sont épuisées tôt dans la soirée. Cette utilisation du

« signalement de particulier » par quelques sans-abri est donc un détournement astucieux d'un système de vigilance qu'ils n'étaient pas censés utiliser : d'objets, ils deviennent alors sujets. La difficulté pour l'institution à gérer ces détournements devient réelle lorsque qu'une personne ou un groupe utilise ce moyen systématiquement. Malgré la conscience du détournement que cela représente, les Equipes Mobiles d'Aide se trouvent obligées de se rendre chaque fois sur place et de réaliser les prises en charge que les SDF ont sollicitées, mais indirectement par l'intermédiaire de particuliers.

Dans la mesure où la négociation exclut les équipes du SAMU Social, il m'est difficile de décrire et d'analyser précisément la relation qui se noue entre les SDF et les riverains qui coopèrent pour ces détournements. Lorsqu'ils demeurent occasionnels, il est impossible de les identifier. En revanche, un détournement systématique ne peut passer inaperçu. C'est notamment le cas d'un groupe de dix Polonais qui s'est installé dans le 14ème arrondissement sous les fenêtres d'une femme qui les signale tous les jours au 115. Ainsi, les membres de ce groupe bénéficient régulièrement d'un hébergement sans pour autant solliciter les équipes du SAMU Social. En mars 2003, Xavier Emmanuelli a imposé aux Equipes Mobiles l'interdiction de prendre en charge les groupes de plus de trois personnes. Privés du jour au lendemain de tout suivi social et médical, leur état général de santé s'est brusquement dégradé jusqu'à nécessiter des intervention d'urgence pour éviter, par exemple, la gangrène de membres supérieurs. Une nuit, alors que nous maraudions dans le 14ème arrondissement, à quelques mètres de leur lieu de vie, une femme nous a abordé ; il s'agissait de la personne qui les « signalait » tous les jours au 115. Alors que nous la soupçonnions d'utiliser le dispositif pour débarrasser le trottoir de leur présence gênante, j'ai découvert avec surprise l'attachement profond qui la liait aux SDF qui vivaient en bas de chez elle. Paniquée, elle appelait tous les jours sans comprendre le changement brusque qui laissait dépérir ceux dont elle s'occupait : personne au 115 n'avait osé lui expliquer l'interdiction qui empêchait de prendre soin de « ses » Polonais.

Dans cet exemple, il est difficile d'évaluer qui est précisément à l'initiative du détournement. Les Polonais ne parlent pas français et mon entrevue avec leur protectrice a été trop brève pour déterminer le rôle de chacun ; je ne suis donc pas en mesure d'affirmer que ce groupe a provoqué cette situation. Cela dit, il s'agit bien d'une coopération basée sur une relation forte qui engage les membres du groupe. De plus, j'ai eu l'occasion à de nombreuses reprises d'échanger avec des SDF qui utilisaient dès que possible ce système sans pour autant atteindre le systématisme du groupe polonais. Ces détournements montrent également la capacité de certains SDF à analyser les failles du système qu'ils cherchent à utiliser à leur profit. Au-delà, ils démontrent une fois de plus leur virtuosité à créer, et à entretenir dans le temps, des relations avec leur environnement qui leur assurent l'assistance indispensable recherchée ; et en cela, ils sont de véritables stratèges.

Evoquons maintenant une autre stratégie qui permet également à certains SDF de s'attacher durablement les soins du SAMU Social. Je vais décrire ici le cas de deux personnes qui ont défrayé la chronique du petit monde de l'institution parisienne bien qu'ils ne se connaissent pas. Jean et Maurice, tous les deux âgés de plus de 65 ans, souffrent d'importantes lésions cutanées qui à force d'être mal soignées attaquent les tissus et les os des membres inférieurs. Leur situation médicale est inquiétante et nécessite une hospitalisation qu'ils refusent. A défaut, ils tolèrent les soins des infirmières des Equipes Mobiles qui doivent rivaliser de gentillesse pour qu'ils acceptent le suivi médical proposé. À force de négociation, ils acceptent les soins proposés à condition que le SAMU Social se plie à leurs exigences. Ainsi, chaque soir, une Equipe Mobile est chargée de chercher Jean dans les principales rues qu'il fréquente, de le conduire dans le centre de son choix, de désinfecter ses plaies et de changer ses pansements. Maurice, quant à lui, refuse les hébergements mais accepte des soins dans la rue s'ils sont réalisés par l'infirmière de son choix. Situé dans la rue du Cherche-Midi, il dort sur le béton, mange au bistrot tous les midis et fait ses besoins dans le caniveau. Toutes ses affaires sont rangées dans un caddy qu'il ne quitte jamais.

Ce refus de se soigner sérieusement, malgré la gravité des blessures, est fréquent chez les SDF. Selon Xavier Emmanuelli[72], ce phénomène s'explique ainsi : « *Quand on n'existe pas dans le regard de l'autre, on n'existe pas dans son propre regard, et les structures mentales qui auraient dû les maintenir dans la connaissance implicite de leurs corps avaient été détruites. N'existant pas pour l'autre, ils n'existent pas pour eux-mêmes, et leur corps était à l'abandon* ». Nourri de cette réflexion, l'ensemble du dispositif a l'habitude de se mobiliser autour de ces personnes pour leur accorder une attention soutenue et régulière. Au cours de mes observations, j'ai participé à ces prises en charge qui monopolisent régulièrement les conversations informelles et les ordres du jour de nombreuses réunions. Parfois, certains dirigeants du dispositif se déplacent exceptionnellement dans la rue pour négocier directement avec la personne récalcitrante. Malgré toutes les attentions prodiguées, je n'ai pas constaté l'émergence d'une franche acceptation. Au

---

[72] *La fracture sociale, op. cit.*, p. 71

contraire, il se noue au fil des jours une relation complexe entre les équipes et les individus concernés basée essentiellement sur une négociation sans fin. Dernièrement, Jean est parvenu en contre-partie de son acceptation à se faire soigner par une infirmière d'un centre infirmier (et non plus par celle d'une Equipe Mobile qui se trouve ainsi libérée pour la maraude) à bénéficier d'un accompagnement quotidien par un véhicule dans un lit infirmier qui lui est réservé au siège du SAMU Social de Paris. Ainsi, il parvient à bénéficier d'une réservation permanente d'un lit infirmier sans s'astreindre aux exigences habituelles de cette prise en charge[73]. Régulièrement, il rejoint son lit au milieu de la nuit et le quitte chaque matin pour repartir dans les rues. Ce traitement de faveur est assez mal vécu par les équipes qui le subissent sans pouvoir s'y opposer. Cet inconfort est renforcé par les attitudes souvent odieuses de ceux qui usent de cette stratégie : contrairement à ceux qui détournent le dispositif avec la nécessaire collaboration des équipes, ils ne sont pas obligés d'être appréciés pour êtres privilégiés.

Finalement, ces SDF soumettent les équipes du SAMU Social à une forme de chantage aux soins, et finalement à la mort, qui leur assure une prise en charge matérielle adaptée à leurs désirs mais surtout une attention quotidienne. Les soins infirmiers leur assurent une relation duale de plusieurs heures quotidiennement qu'aucun

---

[73] Les lits infirmiers proposent des prises en charge de haute qualité qui s'apparentent à des hospitalisations. Il est difficile d'obtenir une place que l'on peut conserver de quelques jours à quelques semaines. Si le patient obtient rapidement une permission de sortir les après-midi, il doit revenir quelques heures plus tard. Contrairement à l'hébergement d'urgence, les SDF ne sont pas libres de partir chaque matin et les exigences de la vie quotidienne sont plus fortes. Par exemple, les repas sont pris à heure fixe.

hôpital ne saurait proposer. Dans ce contexte, il n'est pas étonnant que chacun refuse les soins appropriés qui en les guérissant, les priveraient de cette assistance sur mesure. S'il est difficile de soutenir qu'il s'agit d'une stratégie consciente, il s'agit au moins d'une stratégie d'adaptation inconsciente qu'ils mettent en œuvre pour le meilleur et pour le pire. À mon sens, s'ils détournent *in fine* le dispositif, il s'agit avant tout d'une application à la lettre du fonctionnement proposé par l'institution : en demeurant des individus « qui ne demandent plus rien », ces derniers se maintiennent au cœur de la cible des actions du dispositif et piègent l'institution à son propre jeu.

Les SDF sont souvent perçus comme des individus diminués dans les ressources qu'ils déploient au quotidien. Selon cette vision, les SDF perdent progressivement la représentation de leur corps, les repères du temps, la maîtrise de l'espace et la représentation sociale[74] : *« l'exclusion amène à perdre peu à peu la représentation des possibilités institutionnelles, puis la représentation de soi-même dans l'échange avec l'autre, puis la représentation de soi, c'est-à-dire la représentation symbolique de sa filiation et de son appartenance. L'exclusion est la perte de ce capital implicite que l'on partage avec les autres. Quand on n'a plus de relations qui donnent un sens aux échanges, on perd alors la représentation de soi. Quand on sait que l'on n'intéresse pas les autres, on ne s'intéresse plus à soi-même. »*

A travers la description des stratégies que j'ai observées au SAMU Social, j'ai souhaité montrer que cette conception ne s'applique pas à l'ensemble des SDF. Qu'ils soient « clochards » ou malades mentaux, la majorité d'entre eux demeurent en capacité d'adopter des

---

[74] *La fracture sociale, op. cit.*, p. 77.

stratégies vis-à-vis des institutions qu'ils fréquentent. Il ne s'agit pas ici d'affirmer que leur libre-arbitre n'est en aucune manière affecté par leur domination sociale mais de soutenir que les SDF demeurent des acteurs sociaux qui ne perdent pas *a priori* les « possibilités institutionnelles ».

Des stratégies pour vivre hors les murs

La nécessité de vivre plus ou moins régulièrement dans l'espace public implique l'orientation des stratégies vers deux grands objectifs. Le premier est d'investir l'extérieur comme un espace de résidence et le second de s'attacher une assistance régulière. Ces deux objectifs sont des tentatives d'adaptation mais, plus encore, une lutte contre une domination sociale qui limite « l'univers des possibles » des populations sans-abri. Ainsi, tout en limitant leur liberté, la position sociale des SDF développe une expertise spécifique impulsée par les deux types d'objectifs évoqués. Cet ensemble de savoir-faire permet de limiter leur assujettissement, comme l'illustre le chapitre précédent, et de maintenir un espace, même restreint, pour le choix individuel.

Les SDF entretiennent une relation complexe avec le libre-arbitre comme en témoigne une rencontre avec un SDF issue de mon précédent livre sur le SAMU Social de Paris[75]. J'ai rencontré Jean-Paul à l'occasion d'une maraude vers deux heures du matin sur son lieu de vie, dans une galerie derrière un célèbre musée parisien. Agé de 56 ans, il ne correspondait pas aux stéréotypes habituels du clochard : il était propre, sobre et dormait dans un sac de couchage qu'il avait acheté. Sa barbe entretenue lui donnait davantage l'allure d'un cadre en préretraite que d'un SDF de longue date. Et pourtant, sans révéler ses années de vie dans la rue, il m'a assuré qu'elles étaient

---

[75] *L'urgence de la misère, op. cit.,* p. 162.

nombreuses. Particulièrement éloquent et fin analyste, sa pensée a été déterminante dans mon enquête.

Selon lui, le fait de devenir SDF ne relève que très rarement d'un choix et son cas ne constitue pas une exception. Pour autant, il est parvenu à se recréer au fil des années un équilibre qui intègre en partie ses propres choix et envies. En effet, il fréquente quotidiennement les bibliothèques pour « travailler » et utilise le RMI pour se nourrir : « *Je ne m'ennuie jamais, je travaille tous les jours à la bibliothèque. En fait, je travaille sur des surfaces comme des mathématiques. Je fais aussi des dessins. Je me suis aussi intéressé aux trucs de la vie des cosmonautes. J'aime étudier et j'apprécie cette possibilité d'étudier grâce à mon RMI.* » En continuant la discussion, j'ai constaté qu'il n'était pas près à accepter n'importe quelle proposition d'aide. Par exemple, il refuserait un HLM en banlieue car il tient à demeurer au centre de Paris, mais aussi un hébergement collectif, même s'il était permanent et gratuit: « *J'ai besoin d'un local décent, mais pas communautaire. Qui vit en communauté aujourd'hui ? Alors, pourquoi les SDF sont hébergés en communauté ?* » De même, il refuserait toutes les propositions de travail qu'il considèrerait moins intéressantes que ses études à la bibliothèque. Loin d'être entièrement satisfait de sa situation, il revendique cependant des exigences à ceux qui souhaitent l'aider. Cet exemple n'est pas représentatif des situations revendiquées par une majorité de SDF. Jean-Paul représente la minorité de ceux qui sont parvenus à recréer, suite à leur naufrage, une existence qui leur assure un équilibre *a minima* satisfaisant, aussi bien sur le plan physique que mental. Cependant, il démontre que le statut de sans-abri de longue date n'est pas incompatible *a priori* avec la notion de liberté, d'exigence et de lucidité : « *Il y a beaucoup d'associations qui viennent voir et qui n'ont rien à apporter sinon discuter. Alors ils disent, oui mais il y a des SDF qui ont besoin de discuter ! Et puis, ils repartent. Finalement, ils ne sont pas impliqués. Le Secours Catholique produit ça. J'ai vu un défilé du Secours Catholique. Ils sont sympas, à force on se connaît, et une amitié se crée. Le gars, il est volontaire. Alors, je leur dis que je les reçois pour leur expliquer qu'ils ne servent strictement à rien et que c'est eux qui ont besoin de moi sinon ils ne viendraient pas !* »

Jean-Paul fait également parti de la minorité des SDF non alcooliques. Cette caractéristique qui dépasse la simple anecdote est déterminante dans l'organisation de sa vie quotidienne. Si l'absorption répétée d'alcool est catastrophique pour l'organisme et la sociabilité d'une manière générale, l'ivresse permet néanmoins d'échapper partiellement à l'ennui qui caractérise la vie d'un sans-abri. Privés de cette possibilité de se détacher de leur réalité, ceux qui n'abusent pas de l'alcool sont obligés de trouver un autre moyen pour remplir les longs moments de solitude ou simplement de désœuvrement auxquels ils sont confrontés. La radio et surtout la lecture sont des solutions souvent adoptées. De plus, la sobriété et l'absence de dépendance à un produit en général, limitent les dépenses quotidiennes. Le RMI (411,70 € mensuel pour un célibataire de plus de 25 ans sans enfant) est alors théoriquement suffisant pour couvrir les besoins d'une personne qui associe les hébergements d'urgence gratuits à la résidence dans l'espace public. Cette allocation est attribuée aux SDF qui le demandent aux assistants de service sociaux qui interviennent dans les trois centres exclusivement réservés aux SDF[76]. Cette assistance est

---

[76] « Permanence Belleville » pour les hommes âgés de 18 à 27 ans inclus, « Permanence Gambetta » pour les hommes âgés de 28 ans et plus (dont l'initiale du nom de famille va de « A » à « I »),

théoriquement soumise à la participation de celui qui en bénéficie à des actions d'insertion sociale, comme la participation à des stages ou la mise en place active de projets visant à terme l'obtention d'un travail salarié. Pourtant, cette exigence ne s'applique pas aux SDF qui ne sont soumis qu'à des rendez-vous obligatoires et réguliers. Cet aménagement du RMI à la réalité des SDF permet à certains d'entre eux de ne pas dépendre d'autre source de revenu. Ainsi, le recours à l'assistance caritative, en opposition à l'assistance de droit qui ne peut être refusée à celui qui en remplit les conditions, devient facultatif. Cette réalité, bien que circonscrite, fragilise ma conception qui définit les SDF comme des individus qui partagent l'aptitude commune à s'attacher une assistance soumise à la volonté de ceux qui l'attribuent. En bénéficiant du RMI, les SDF ont la possibilité de se passer de ce dernier savoir-faire.

Cela dit, le fait de recevoir le RMI n'empêche que très rarement la sollicitation d'autres sources d'assistance. Les sans-abri développent un rapport ambigu avec l'argent de l'Etat. Marc est un vieux monsieur qui utilise un vélo allemand de 1933 pour se déplacer mais aussi pour stocker ses affaires : « *J'ai des copains qui brûlent leur RMI ou leur pension. D'autres qui claquent tout en une journée. Par exemple, j'ai un copain qui touche plus de mille euros par mois car il a été 25 ans dans l'armée. Une fois, je suis allé avec lui. Quand il a retiré sa pension à la poste du boulevard de l'Hôpital, il a commencé par acheter deux bouteilles de bière et deux de vins, en face chez l'épicier. Ce n'était que le début. Après, il est allé dans une*

« Permanence Mazas » pour les hommes âgés de 28 ans et plus (dont l'initiale du nom de famille va de « J » à « Z ») et la « Permanence Chemin Vert » pour les femmes seules ou avec enfants, pour les hommes seuls avec enfants et pour les couples.

boutique de disques lasers. Il a acheté l'intégrale de Piaf, 800 FF. Il est ressorti pour aller acheter un gros poste dans une boutique d'électroménager. En tout, il avait déjà dépensé plus de 1 800 FF. Ensuite, il est allé louer une chambre pour trois jours. Seulement, après avoir picolé dehors, il ne se rappelait où était son hôtel alors il a dormi dehors. Mais quand tu t'endors avec un poste neuf allumé, devine ce qu'il se passe ? On lui a volé. Une autre fois, un autre copain est allé au bureau des anciens combattants. Il avait économisé deux mois de pension. Dès qu'il est entré, il a fourré tous les billets dans la tête du gradé. Comme il avait plus de 70 ans, ils n'ont pas osé le mettre en prison.» D'après ce témoignage, beaucoup de SDF « claquent » l'argent reçu de l'Etat tant ce dernier a peu de valeur à leurs yeux. Effectivement, beaucoup de SDF que j'ai rencontrés, affirment profiter du versement du RMI pour vivre luxueusement pendant deux ou trois jours. C'est alors l'occasion de dormir à l'hôtel, de boire sans limite ou d'aller voir les prostituées. De ce fait, l'activité au SAMU Social se réduit énormément les jours suivant le versement de cette allocation. Par conséquent, le RMI ne dispense que très rarement de la sollicitation d'autres sources d'assistance.

Marc représente également un profil atypique puisqu'il n'utilise jamais les hébergements d'urgence et refuse toute aide financière de l'Etat. Pour vivre, il utilise exclusivement les ressources trouvées dans les poubelles qui lui permettent de résider à temps plein dans l'espace public: « *Il suffit de ramasser la nourriture et les affaires dans les poubelles. Il suffit de se baisser pour trouver. Avec les dates limites de consommation, les boutiques sont obligées de jeter et on pourrait nourrir une armée avec la nourriture jetée dans les poubelles. Bien sûr, il ne faut pas être regardant mais c'est suffisant. Dans les poubelles des supermarchés tu trouves ce que tu as besoin. Il y a aussi quelque chose de nouveau qui vient des USA. Quand tu achètes une pizza, tu en as une gratuite. Souvent les gens ne peuvent pas finir alors ils donnent. Je change souvent d'endroit pour dormir mais toujours sur le bitume et pieds nus. Je pourrais trouver des fauteuils mais je préfère la dureté du sol. Pieds nus pour économiser mes chaussures et au soleil. Comme ça, je n'ai pas de souci sauf quand je lis les journaux. Avec une simple phrase, je peux réfléchir jusqu'à minuit. Tiens, par exemple avec celle-ci c'est possible (il lit une phrase du Figaro): La religion n'a pas été créée pour des crétins. Ici, ça va car l'hiver il ne fait pas froid. Et puis, s'il fait trop froid, je vais à la bibliothèque Beaubourg ou dans une bibliothèque de quartier. Tu sais, la vie c'est comme le décor d'une pièce de théâtre. Une fois, j'ai assisté à une pièce où les décors étaient peints rapidement et assez mal sur des morceaux de bois. Mais la pièce était tellement bien jouée que je me croyais quand même dans un château aux temps des rois. Ici, c'est pareil. Tout est psychologique. Le décor des vies ce n'est pas important. Moi, il me suffit de savoir que je vis sur la terre pour être heureux. »*

Pour gagner de l'argent, il ramasse de vieux objets qu'il stocke sur son vieux vélo puis revend aux brocantes parisiennes. Trouvée en 2001 dans un trou de chantier EDF, cette bicyclette est l'élément central de l'organisation de sa vie quotidienne puisqu'elle lui permet de se déplacer tout en conservant ses biens. Elle représente en quelque sorte un « camping car » de fortune dont l'aménagement est très étudié comme l'illustre la photographie ci-dessous.

Le porte bagage à l'avant permet de ranger des bâches en plastique, des outils de réparation pour le vélo et un sac de marin blanc contenant du linge. Le cadre permet de conserver un parapluie très large (caractéristique vantée par son propriétaire) et deux anti-vol. A l'arrière, il y a deux sacs : le premier contient ses affaires personnelles (linge, livres qu'il souhaite conserver comme des revues d'art, par exemple) et, le second, celles qu'il souhaite vendre. Au-dessus, il y a des journaux et une bouteille de vin. En dessous, il y a un bâton de pèlerin sacré offert par un de ses copains qui est allé à Saint Jacques de Compostelle. Enfin, deux sacoches en cuir placées de chaque coté de la roue arrière permettent de transporter une cafetière en fer-blanc avec un réchaud à pétrole.

Au fil du temps, Marc m'a invité sur son lieu de travail au marché aux puces de la Porte de Vanves. Il n'est pas le seul SDF à vendre des babioles à même le sol sur des cartons. Regroupés à la marge de la brocante, ils proposent tous des objets sans valeur visiblement récupérés dans les poubelles. Lors de mes visites, Marc vendait des extraits de films 35 mm dans des petites boites en fer blanc qui viennent des Laboratoires Eclair. Suite à la mortalité liée à la canicule de l'été 2003, beaucoup d'objets se sont retrouvés sur le trottoir. Cette manne exceptionnelle a facilité ses affaires. A côté des films, il expose également des cadres démontés, des petits tableaux, des lentilles de verres, un sac à dos pour enfants, etc. Marc fréquente ce marché tous les samedis et tous les dimanches. Il ne s'intéresse pas beaucoup aux personnes qui regardent son « stand ». Il est visiblement davantage motivé pour discuter avec les visiteurs et avec ses copains des stand d'à côté. Au-delà de la source d'argent que génère cette activité, certainement modeste, cette activité représente pour lui un endroit de socialisation important. D'ailleurs, les prix ne sont pas élevés ; il vend ses bobines de film pour seulement trois euros.

Enfin, je souhaite retranscrire ici le constat amer que cet homme érudit et d'expérience pose sur la part d'inhumanité que notre société contemporaine révèle d'elle-même dans les rapports qu'elle entretient avec ses SDF : « *Pendant la seconde guerre mondiale, les Allemands qui occupaient Paris avaient interdit aux gens de dormir dehors quand la température descendait en dessous de 0°c et obligeaient les administrations françaises à ouvrir leurs portes pour accueillir les gens. Ainsi, même les Allemands et les SS avaient davantage de cœur pour ceux qui dormaient dehors que les autorités françaises d'aujourd'hui qui n'ouvrent aucun bâtiment lorsque le froid arrive. Il faut attendre des températures extrêmes et des morts pour qu'ils bougent.* »

Le chapitre précédent évoquait les stratégies mises en place par des usagers du SAMU Social afin d'obtenir une assistance institutionnelle davantage en rapport avec leurs besoins ou leurs envies. Dans le cadre de mon quartier d'habitation, j'ai essentiellement observé des stratégies qui visaient l'obtention d'une assistance de subsistance offerte par des passants ou des riverains. Ainsi, il existe deux grands types d'assistance : celle qui est allouée de droit à celui qui satisfait aux critères exigés et celle qui est soumise à la volonté du donateur dans une démarche caritative : si le RMI représente une assistance de droit, les hébergements du SAMU Social représentent alors une assistance caritative. Il est également possible de distinguer deux types d'assistance caritative : l'institutionnelle et celle du « particulier » en référence au signalement du même nom créé par le SAMU Social. Le point commun entre ces deux types de stratégies réside dans la soumission de celui qui demande au bon vouloir du donateur, et dans la nécessité de développer des stratégies pour le convaincre alors que rien ne l'oblige à aider. Ces stratégies s'appuient essentiellement sur la capacité de leur initiateur à entretenir une relation d'attachement avec celui qui lui accorde l'aide demandée. Cette relation se caractérise par l'aptitude à générer l'envie d'aider. Elle peut jouer sur la culpabilité, la sympathie, la récompense de services rendus ou de l'exercice d'un talent, etc. Cette assistance peut alors se concrétiser par une écoute, un don d'argent, d'aliments, de boissons, de vêtements, en passant par divers services comme la conservation de papiers, la rédaction de courriers, le don de cartes téléphoniques, l'aide dans les démarches, etc. D'après mes observations, la sollicitation du sentiment de culpabilité est une stratégie particulièrement efficace et répandue chez les SDF, comme je l'ai constaté à mes dépens. Elle correspond à une capacité de s'adapter à la réaction de compassion naturelle face à une réalité sociale considérée comme le symbole de la déchéance sociale. Il ne s'agit pas de nier la souffrance d'une existence de sans-abri mais de mettre en évidence la capacité de ces derniers à utiliser cette donnée anthropologique et sociologique pour s'assurer des moyens de subsistance.

L'obtention de revenus réguliers n'est pas suffisante pour résider dans l'espace public puisqu'il faut simultanément parvenir à « habiter » un milieu qui n'est pas prévu pour cette fonction. Cette contrainte qui contredit nos plus profondes habitudes culturelles est extrêmement exigeante physiquement et moralement. La résidence dans l'espace public fait appel à des stratégies de détournement, puisque l'espace urbain et son mobilier sont utilisés en dehors de leurs usages initiaux. Ainsi, les cabines téléphoniques, les bouches de chaleur, les bancs, les porches, les quais du métro ou encore les trottoirs se transforment en lit, en cuisine et en salle à manger. N'étant pas prévus à ces usages, les éléments du mobilier urbain détournés ne sont pas satisfaisants et impliquent le renoncement à un confort minimal. Ce renoncement est d'autant plus nécessaire qu'il existe une volonté de la société de limiter ces détournements. L'exemple de l'aménagement des bancs publics l'illustre avec l'ajout d'accoudoirs au milieu pour empêcher de s'allonger ; lorsqu'ils ne sont pas carrément supprimés. Finalement, ces stratégies de détournement dépendent essentiellement de la capacité individuelle à se passer du confort. La sophistication de ces pratiques est extrêmement variée. Si certains SDF se constituent de véritables maisons en matériaux de récupération, d'autres dorment directement sur le trottoir avec leur main en guise d'oreiller ou debout dans une cabine téléphonique. L'observation de ces diverses pratiques quotidiennes questionne directement les limites de la résistance humaine puisque les SDF supportent ce que la majorité d'entre-nous ne peut concevoir. Ces rencontres représentent à ce titre un choc culturel majeur qui bouscule l'ordre établi des représentations de notre résistance et interroge la représentation culturelle de nos besoins. En constatant que de nombreux SDF s'affranchissent des limites habituellement admises comme « naturelles » de la résistance physiologique et psychologique de l'être humain, ces dernières révèlent leur caractère « culturel » et finalement relatif.

La nécessité d'élaborer des stratégies pour s'assurer l'obtention de moyens de subsistance et l'aménagement de l'espace public en un lieu de résidence, représentent deux priorités vitales pour les SDF lorsqu'ils ne parviennent, ou ne souhaitent pas, accéder aux dispositifs d'hébergement. Ces deux exigences non négociables de la condition SDF structurent profondément leur existence. Il s'agit d'un combat quotidien sur deux fronts indissociables. En voici quelques exemples.

Jean-Michel et Micheline forment un couple de sans-abri. Dépassant tous les deux allègrement les 60 ans, ils boivent énormément d'alcool et sont réputés pour leurs disputes violentes. Ils dorment dans le renfoncement de l'entrée d'une galerie commerciale qu'ils libèrent au petit matin en déménageant leurs affaires quelques mètres plus loin à côté d'un muret. Leur état physique est fortement dégradé par le manque de soin, d'hygiène de vie et par leur alcoolisme. Ils mangent peu et boivent beaucoup : le matin, je les ai vu se nourrir uniquement de gâteaux bon marché et de bière. L'amoncellement de leur matelas, oreillers et valises, les rend particulièrement visibles. C'est lui qui garde le lieu de vie pendant que sa femme fait la manche 200 mètres plus loin au pied d'un distributeur de billets. Toute la journée, elle fait l'aller et retour entre Jean-Michel et son lieu de « travail » en faisant le plein d'alcool à chaque voyage. De cette façon, elle n'est jamais vue avec une boisson lorsqu'elle fait la manche. Jean-Michel marche très mal et reste toute la journée assis sur le rebord du muret sans faire la manche. Il semble uriner assis car il y a souvent une petite flaque de liquide à ses pieds ; parfois, il y a aussi des étrons. Il ne se lave pas, arbore une grande barbe et ses mains sont très sales. Il correspond à la description du « naufragé » à la Declerck. Au début du mois de septembre, la galerie marchande a bloqué l'accès qui leur servait pour dormir à l'abri de la pluie. Pour autant, ils n'ont pas abandonné ce lieu de vie ; ils dorment simplement sur le trottoir à la merci des intempéries nocturnes mais ne souhaitent pas aborder avec moi ce sujet : « *Il ne faut pas penser aux mauvais jours.* »

Au cours de nos nombreuses discussions, Jean-Michel évoque régulièrement ses difficultés et se présente comme une personne totalement démunie. De ce fait, je lui donne régulièrement de l'argent et des affaires. Cet hiver, ils ont quitté le quartier pour rejoindre un centre d'hébergement d'urgence du SAMU Social qui leur a proposé plusieurs semaines de prise en charge. Contrairement à ce qu'ils ne cessaient de m'affirmer, ils utilisent finalement ce dispositif d'assistance. Sans nier la réalité de leur souffrance et de leur faiblesse, ils se montrent capables d'entretenir des relations avec leur environnement qui leur assure des revenus. Au cours des nombreux entretiens, j'ai observé les relations que Jean-Michel entretenait avec les passants ou les riverains. S'il est très dur avec sa femme qu'il rudoie constamment, il est en revanche beaucoup plus subtil avec ceux qui viennent à lui. Son discours parfaitement rodé entretient un équilibre entre une disponibilité apparente à la discussion et une orientation constante de cette dernière sur un appel à l'aide. Finalement, il oriente sa capacité relationnelle vers l'obtention d'une assistance très éloignée d'une proposition d'échange véritable. Si cette stratégie relationnelle est très répandue parmi les SDF qui présentent un important état de faiblesse physique, elle n'est pas la seule.

Gérard est âgé de 51 ans et vit dans la rue depuis trois ans à la suite d'un divorce. Son visage est marqué par la fatigue, l'alcool et le manque de soin d'une manière générale. Il est assez propre et extrêmement courtois. Tous les jours aux mêmes horaires, il se poste dans le passage qui relie la rue Friant au boulevard du Général Leclerc. Très fréquentée, cette ruelle privée est un raccourci qui permet d'accéder au supermarché situé sur le boulevard sans passer par la place d'Alésia. Il adresse systématiquement à chaque passant un bonjour amical et prend des nouvelles de ceux qu'il connaît. Certains lui répondent et d'autres non. Il fait partie du décor et il est bienveillant. Avec certaines personnes qu'il connaît bien, il se permet de blaguer et de tutoyer. Il connaît manifestement les habitudes de chacun. Sa constance et sa gentillesse lui permettent de bénéficier d'un important capital de sympathie et d'entretenir quelques relations privilégiées : « *Je parle avec des professeurs à la Sorbonne, des médecins, des hôtesses de l'air, tout le monde. A partir du moment où vous êtes correct et poli avec tout le monde, vous passez partout. Si je vais dans tous les cafés de la Porte d'Orléans avec zéro euros, je prends un verre et si je demande 20 euros, ils me les donnent tous. On me demande un service, si je peux le rendre, je le rends. Mais il y a des gens à la rue qui sont jetés de partout parce qu'ils engueulent les gens quand on ne leur donne pas de pièce. Moi je ne demande jamais d'argent mais ils me donnent. Je dis simplement bonsoir, bonjour, s'ils veulent s'arrêter pour discuter, on discute mais cela s'arrête là. C'est plus simple et plus cordial.»*

Sa stratégie consiste à proposer une relation de sympathie sans chercher à culpabiliser ses interlocuteurs. D'ailleurs, au cours de nos entretiens, il a passé systématiquement sous silence les difficultés de sa vie de SDF. En l'écoutant, rien de plus ne lui était nécessaire de ce qu'il avait déjà : «*Pendant l'hiver, je prends une chambre d'hôtel à 23 euros la nuit. De décembre à février. J'utilise l'argent que j'économise pendant l'été. J'ai déjà le RMI qui fait 410 euros. Comme je prends l'hôtel au mois, ils font moins cher la chambre. Au lieu de payer 690 euros, je paye moins. Et puis pour le reste à payer, j'utilise la manche. Par exemple, le samedi, je fais 50-60 euros. Et je suis toujours là. Je reste assis ici. L'autre jour, je rentrais à Champion et elle m'a donné 20 euros ! Un coup, il y a une femme qui passe ici et elle me demande si j'ai mangé. Je lui réponds que non. Alors elle repart et revient avec 50 euros. Elle m'a dit : j'en ai trop chez moi. La nuit pour dormir, je dors dans un renfoncement à côté de l'école de management. Même s'il pleut je suis protégé* ».

Cependant, son état physique s'est visiblement dégradé depuis quelques mois et certains jours, il apparaît profondément déprimé. Cela dit, sa stratégie relationnelle fonctionne et lui assure des revenus importants. Pour autant, il ne s'agit pas d'une simple stratégie utilitariste car il entretient de véritables relations suivies. Par exemple, une jeune fille de 16 ans est venue à sa rencontre alors que je menais un entretien avec lui. Elle sortait de pension depuis deux mois et venait régulièrement parler à Gérard lorsqu'elle se rendait au supermarché. Ils se connaissaient parfaitement puisqu'elle lui racontait ses malheurs et sollicitait ses conseils : «*Je l'aime bien cette gamine car j'ai été abandonné par mes parents et j'ai moi aussi été en pension pendant onze ans. Au moins quand on parle, elle ne fait pas de bêtise. Je lui remonte les bretelles ».* Avant qu'elle ne parte, Gérard lui a donné des cigarettes pour son père ; manifestement, c'est elle qui demandait et lui qui donnait et bien au-delà de simples cigarettes. Au cours d'un autre entretien, j'ai eu la surprise d'apprendre qu'il mangeait tous les midis de la semaine avec une femme avec laquelle il entretient une relation d'amitié autour d'un sandwich : « *Tous les matins, il y a une dame avec laquelle je bois le café et le midi aussi. Du lundi au vendredi. Enfin, pas le vendredi midi car elle termine à midi. Dès qu'elle a un problème, elle me les raconte. Son mari est cadre à la RATP. Elle s'ennuie dans son travail. Elle travaille dans la rue Friant dans une usine à préservatifs ».* Il s'agit ici d'une stratégie originale et peu répandue que je considère à ce titre comme une stratégie d'invention. Exigeante, elle nécessite de la constance et une forte capacité à créer un lien d'attachement positif auquel les gens adhérent avec plaisir. Il s'agit plus précisément d'une forte capacité à l'empathie.

Philippe est âgé de 39 ans et il n'est pas trop marqué physiquement. Il se présente comme un artiste qui dessine à la craie sur le trottoir de la place d'Alésia. Souvent, les passants s'arrêtent pour regarder sa production artistique et quelquefois s'assoient sur le trottoir. Il s'applique à s'éloigner des stéréotypes habituellement associés aux SDF alors qu'il ne dispose plus de logement personnel depuis longtemps. Par exemple, il ne boit jamais lorsqu'il dessine et se présente le plus souvent l'esprit clair alors qu'il est sous dépendance d'alcool et de drogue. La première fois que je lui ai parlé, il était assis rue Friant et se préparait à rejoindre son atelier à ciel ouvert ; en quelque sorte, je l'ai surpris en coulisse avant son entrée en scène. Il buvait une bière et semblait souffler avant de présenter son « spectacle ». Sans domicile depuis plusieurs années, il entretient un rapport aux donateurs basé sur la reconnaissance de son art. Il est très poli et met en avant sa sensibilité en donnant à lire ses poèmes et en proposant à qui le souhaite d'en écrire. Finalement, Philippe utilise le même type de stratégie que Gérard. Si le support n'est pas le même, leur stratégie nécessite d'importantes ressources personnelles ; de par leurs exigences, elles sont de ce fait moins répandues. Assez discret sur ses stratégies pour « habiter » l'espace public, il semble associer diverses solutions : dormir chez ses amis qu'il est parvenu à conserver depuis l'époque où il habitait dans un logement du quartier, dormir chez des artistes également du quartier et utiliser les catacombes dont l'un des accès se situe à quelques centaines de mètres de la place d'Alésia. Je ne l'ai jamais vu dormir directement dans la rue. Pourtant, je l'ai croisé récemment au milieu d'un difficile exercice de rasage de la barbe dans un rétroviseur latéral de voiture. Il était sale, visiblement fatigué et son nez se remettait mal d'une fracture récente. Encore plus récemment, il m'a demandé de l'accompagner au supermarché pour s'acheter des bières qu'il a payées. Pendant ces quelques minutes, j'ai mesuré l'ampleur de sa détresse actuelle et de sa toxicomanie qu'il ne maîtrise plus. De ce fait, il est de moins en moins capable d'assurer sa permanence artistique et les revenus qu'elle produit. Avec le temps, il ressemble de plus en plus à une personne qui vit régulièrement dans la rue…

Ces rencontres m'ont permis de mesurer la difficulté de résider régulièrement dans la rue. Pourtant, malgré cette évidence que nul ne saurait remettre en cause, il est difficile d'évaluer précisément cette réalité tant les SDF interrogés orientent leurs discours ou ce qu'il donnent à voir d'eux-mêmes en fonction de leurs stratégies pour s'assurer une assistance. De ce fait, certains se présentent sous un jour résolument positif (Gérard) ou totalement dramatique et sans espoir (Jean-Michel). Au-delà des entretiens, il est important de mener une observation longue et *in situ* de l'évolution des personnes SDF qui ne nécessite pas forcément des échanges verbaux. Au fil des mois, j'ai constaté que Gérard, malgré sa volonté de présenter sa situation sous un jour idyllique, s'affaiblissait régulièrement et dangereusement. En revanche, Jean-Michel, malgré sa faiblesse avérée et revendiquée, a montré des ressources qu'ils se gardait bien d'évoquer. Non seulement, son état de santé ne se détériore pas mais il s'est montré beaucoup moins récalcitrant, malgré ses affirmations répétées, à utiliser les services d'assistance institutionnelle lorsque le besoin se faisait sentir. Finalement, s'il est possible de mener une existence dans ces conditions « anormales », la souffrance est constante et se traduit par le risque inévitable d'une dégradation rapide et prématurée de la santé. Ce paramètre est essentiel tant il détermine la vie de tous les jours. Lorsque que l'on est privé de logement, le moindre ennui de santé est susceptible de dégénérer rapidement en une maladie grave et nécessite un réajustement immédiat des stratégies de vie qui sont étroitement liées aux ressources physiques et mentales de leurs auteurs. De ce fait, l'état de santé est un thermomètre de l'équilibre de vie que chaque SDF est parvenu à établir et, à ce titre, constitue un indicateur dramatiquement fiable de l'efficacité des stratégies adoptées.

Conclusion

En m'intéressant aux stratégies de vie des SDF parisiens, j'ai questionné le rapport de force que notre société entretient avec des hommes et des femmes qui symbolisent un état extrême de domination sociale. Le parti pris de cet essai est de modérer la représentation habituelle qui considère que les personnes sans-abri sont plongées dans indigence totale. Même dominées, ces populations demeurent des acteurs sociaux qui disposent d'un espace de liberté - restreint mais effectif - compatible avec l'exercice de leur libre arbitre. Cette hypothèse que j'ai cherché à démontrer est finalement une réaction à une domination qui, au-delà des faits, s'étend aussi aux discours. En assumant cette démarche intellectuelle qui est une forme d'engagement, j'en ai progressivement constaté les limites.

Cette posture n'est pas nouvelle puisqu'elle trouve sa formalisation dans le courant du « postcolonialisme » ou du « subalternisme ». Selon cette philosophie[77], il s'agit de voir le monde du point de vue de la minorité et des dominés ; bref, c'est une vision résolument « d'en bas ». C'est un mouvement collectif qui n'émane pas d'un fondateur unique mais d'un ensemble d'actions indépendantes. Le postulat de base consiste à s'opposer à la théorie anthropologique dite « coloniale » qui considère que le monde non occidental relève d'une infériorité de nature et permet à ce titre une domination politique. Le postcolonialisme dénonce et combat cette vision inégalitaire. L'objectif est de permettre à la pensée

---

[77] Robert J.C. Young, *Postcolonialism : a very short introduction*, Oxford, 2003.

d'évoluer et de produire des relations plus équitables entre les dominants et les dominés. Par extension, cette lecture internationale s'exerce aujourd'hui localement dans les pays dits « développés » et consiste alors à porter le discours des minorités dans les sphère du pouvoir (politique et intellectuel) pour lutter contre leur domination. Il s'agit enfin de dénoncer le discours dominant qui accentue le rapport de force au détriment des dominés en démontrant ses limites à l'épreuve des faits[78].

En ce qui me concerne, cette orientation est certainement liée à ma fonction d'origine de travailleur social qui me place du côté des « opprimés ». Cette « mission » exercée pendant dix années dans les cités défavorisées, dans les hôpitaux psychiatriques, au cœur des familles « maltraitantes » et dans la rue avec les SDF, oriente mon ethnologie dans une sorte de continuité « professionnelle » qui consiste à se mettre du côté du faible. Cette position n'est pas neutre et oriente considérablement mes recherches. Au cours d'un séminaire consacré « Aux enjeux de la notion de diaspora », le 1er avril 2004 à l'Ecole des Hautes Etudes en Sciences Sociales (EHESS), Jean-Loup Amselle est revenu sur les enjeux du subalternisme. D'après lui, cette orientation est essentiellement « réactionnelle » et de ce fait ne peux prétendre à l'élaboration « d'une pensée apaisée », nécessaire à toute anthropologie. Je dois dire que cette remarque a particulièrement raisonné en moi et m'a amené à réfléchir sur les limites de ma démarche.

Ce livre est essentiellement une réaction à l'ouvrage que j'ai fréquemment cité de Patrick Declerck, *Les naufragés*, pour les raisons déjà précisées. Finalement, le risque de toute réaction consiste à se placer

---

[78] L'ouvrage déjà cité (*L'ethnologie des sans-logis, Etude d'une forme de domination sociale, op. cit.*) représente bien cette démarche.

systématiquement à l'opposé de la position dénoncée : en s'inscrivant systématiquement en faux, la réflexion risque de perdre l'objectivité et la neutralité propres aux sciences sociales. Concrètement, le risque du « subalternisme » appliqué aux SDF consiste à présenter ces derniers comme des « super stratèges » qui malgré leur domination sociale demeurent essentiellement libres. Au-delà de ce danger de caricature que j'ai veillé à éviter, le risque est surtout de lier sa pensée à un fil conducteur qui limite la liberté de pensée. En s'investissant d'une mission réparatrice, l'ethnologue réduit d'autant son libre arbitre et, finalement, son objectivité.

Néanmoins, en dépit de ses limites, cette orientation militante souhaite changer les mentalités et les rapports de force qui s'exercent entre les groupes sociaux. Finalement, en prenant position dans le débat social, le subalternisme questionne directement la fonction de l'ethnologie et des sciences sociales, en général. La question est alors de savoir si ces dernières ont pour vocation de jouer un rôle politique en modifiant directement et consciemment les sociétés qu'elles étudient.

Table des matières

Introduction _____ 7

Les limites de la notion d'exclusion appliquée au SDF _____ 15

Le piège du « néant culturel » _____ 29

Le SAMU Social de Paris comme terrain d'observation _____ 43

Un quartier d'habitation comme terrain d'observation _____ 61

Quel terrain pour quel « contrat ethnographique » ? _____ 71

Une rationalité SDF spécifique ? _____ 87

Stratégies d'obtention d'un hébergement d'urgence _____ 101

Des stratégies pour vivre hors les murs _____ 117

Conclusion _____ 135

Table des matières _____ 139

Bibliographie _____ 141

Bibliographie

Ouvrages :

ANDERSON N., *Le Hobo, sociologie du sans-abri*, Nathan, Paris, 1993.

ASSOUN L. (dir.) *L'anthropologie psychanalytique*, Edition Economica, Paris, 2002.

BECKER. H, *Outsiders, Etudes de sociologie de la déviance*, Paris, Métaillé, 1985 (1963).

BOUDON R., BOURRICAUD F., *Dictionnaire critique de la sociologie*, PUF, Paris, 1982.

BOURDIEU P., *La misère du monde*, Seuil, Paris, 1993.

BOURDIEU P., *Raisons pratiques. Sur la théorie de l'action*, Editions du Seuil, Paris, 1994.

BOURDIEU P., *Méditations pascaliennes*, Seuil, Paris, 1997.

DAMON J., *La question SDF*, PUF, Collection Lien Social, Paris, 2002.

DECLERCK P., *Les naufragés, Avec les clochards de Paris*, Plon, Collection Terre Humaine, Paris, 2001.

DE PONFILLY C., « Paris By Night », film sur les Equipes Mobiles d'Aide du SAMU Social de Paris, Production Interscoop, 2000.

DEVEREUX G., *De l'angoisse à la méthode*, Aubier, Paris, 1980 (1967).

DEVEREUX G., *Essais d'ethnopsychiatrie générale*, Gallimard, Paris, 1970.

DIDIER E., « De l'exclusion à l'exclusion », *in L'exclusion. Constructions, usages, épreuves*, Politix, revue de travaux de sciences politiques, Presse de Sciences Po, deuxième trimestre 1996.

DOUGLAS M., *Comment pensent les institutions*, Editions La Découverte M.A.U.S.S, Collection Recherches, Paris, 1999.

DUBOIS M., *Premières leçons sur la sociologie de Raymond Boudon*, PUF. Paris, 2000.

DUFOUR D.R., *« La condition subjective dans les sociétés démocratiques »*, in ZAFIROPOULOS M.,

EMMANUELLI X., FREMONTIER C., *La fracture sociale*, PUF, Collection Que sais-je ?, Paris, 2002.

EMMANUELLI X., *L'homme n'est pas à la mesure de l'homme*, Presses de la Renaissance, Paris, 1998.

FIRDION J.-M., MARPAST M., BOZON M., *La rue et le foyer*, PUF, Cahier de l'INED 144, Paris, 2000.

GABORIAU P. et TERROLLE D. (dir.), *Ethnologie des sans-logis. Etude d'une forme de domination sociale*, L'Harmattan, Collection Logiques Sociales, Paris, 2003.

GABORIAU P., *Clochards. L'univers d'un groupe de sans-abri parisiens*, Juliard, Paris, 1993.

GABORIAU P., *« Point de vue sur le point de vue. Les enjeux sociaux du discours ethnologique : l'exemple des sans logis »* in GHASARIAN C. (dir.), *De l'ethnologie à l'anthropologie réflexive*, Armand Colin, Collection U, Paris, 2002.

GARNIER-MULLER A., *Les inutiles. Survivre en banlieue et dans la rue*, Les Editions de l'Atelier, Paris, 2000.

GIROLA M. C., « Rencontrer des personnes sans-abri » in POLITIX, *L'exclusion*, Travaux de sciences politiques, n°34, Presses de Sciences Po, Paris, 1996.

GOFFMAN E., *Stigmate*, Les Editions de minuit, Collection Le sens commun, Paris, 1975 (1963).

HENRY P., *La vie pour rien*, Laffont, Paris, 1997.

KLUCKHOLM C. KELLY W.H., *The concept of culture*, Editions The science of man in the world crisis, New-York, 1945.

LACAN J., *D'une question préliminaire à tout traitement possible de la psychose*, Seuil, Paris, 1966.

LENOIR R., *Les exclus. Un français sur dix*, Seuil, Paris, 1974.

LE ROUX Y. et LEDERMAN D., *Le cachalot, Mémoires d'un SDF*, Editions Ramsay Paris, 1998.

LEVIS-STRAUSS C., *Tristes tropiques*, Plon, Collection Terre Humaine, Paris, 1955.

LYOTARD J.-F., *La condition post-moderne*, Minuit, Paris, 1979.

MAISONDIEU J., *La fabrique des exclus*, Bayard Editions, Paris, 1997.

MILANO S., *La pauvreté absolue*, Hachette, Paris, 1988.

MALINOWSKI B., *Les Argonautes du pacifique Occidental*, Gallimard, Paris, 1963.

MARPSAT M., FIRDION J.-M. (dir.), *La rue et le foyer. Une recherche sur les sans-domicile et les mal logés dans les années 1990*, PUF-INED, Paris, 2000.

MARPSAT M., « Les sans-domicile à Paris et aux Etats-Unis », *Données sociales*, INSEE, 1999.

Mc LIAM WILSON R., *Ripley Bogle,* Editions 10/18, Domaine étranger, Paris, 1996.

MEMMI D., en collaboration avec ARDUIN P., « L'affichage du corporel comme ruse du faible : les SDF parisiens », *in Cahiers internationaux de sociologie*, PUF, Volume CXIII, Paris, juillet-décembre 2002.

PANOFF M. et F., *L'ethnologue et son ombre*, Payot, Paris, 1968.

PAUGAM S., *« La constitution d'un paradigme », L'exclusion l'état des savoirs*, Editions la découverte, Collection Textes à l'appui, Paris, 1996.

PAUGAM S., *La Société française et ses pauvres*, PUF, Paris, 1993.

POLLAK M., *L'univers concentrationnaire. Essais sur le maintien de l'identité sociale*, Métaillié, Paris, 1990.

PORQUET J.-L., *La débine*, Flammarion Paris, 1987.

PROLONGEAU H., *Sans Domicile Fixe*, Hachette, Paris, 1993.

ROBERT J.C. Young, *Postcolonialism : a very short introduction*, Oxford, 2003.

RULLAC S., *L'urgence de la misère : SDF et SAMU Social*, Editions des Quatre Chemins, Paris, 2004.

SIMMEL G., *Les pauvres*, PUF, Paris, 1998 (1908).

TODD E., *« La fracture sociale », Fondation Saint-Simon*, 1985.

TODD E., « J'ai de quoi être honteux de ce que Chirac a fait de mes idées », *Le Monde*, 16 septembre 2001.

VERSINI D., *La survie n'est pas la vie*, Calmann-Lévy, Paris, 2000.

VEXLIARD A., *Le clochard*, Desclée de Brouwer, Paris, 1999 (1957).

ZENEIDI-HENRY D., *Les SDF et la ville. Géographie du savoir-survivre*, Editions Bréal, Paris, 2002.

ZONABEND F., « De l'objet et de sa restitution en anthropologie », *in Gradhiva*, n°16.

« Fascicule officiel de présentation du dispositif du SAMU Social de Paris », disponible au siège de l'institution (32, av. Courteline, 75012, Paris).

« Etude sur la notion de territoire chez les personnes sans abri », *L'observatoire de la grande précarité à la grande exclusion du SAMU Social de Paris*, 1999

Articles de journaux et de magazines :

AUBEL F., « A paris, 30% des SDF ont moins de 30 ans », *Zurban*, 16/22, janvier 2002.

BERTRAND V. : « Du vagabond au SDF : une représentation pérenne de la déviance ? », thèse d'Etat *in Le journal des psychologues*, n°188 juin, 2001.

BISSUEL B., « Sans fleur ni couronne, la mort des sans-abri victime de la rue », *Le Monde*, 11 avril 2001.

CLORIS J., « Une nuit avec les équipes du Samu social », *Le Parisien*, 28 janvier 2002.

CUAZ O., « Femmes dans l'urgence », *Fémina Hebdo*, 16 février 2002.

DECLERCK P, « Et si le printemps des SDF commençait dès aujourd'hui », Le Monde, 26 mars 2002.

EMMANUELLI X., « Faire renaître l'envie de vivre », *Revue de l'infirmière*, n°78, janvier 2002.

EMMANUELLI X., « Les SDF, ce n'est pas une classe », Le Figaro, 20 mars 2002.

LE BORGNE C., « Urgence sociale : état des lieux », *Actualités Sociales Hebdomadaires*, 7 décembre 2001.

RAME A., « Entretien avec le docteur X. Emmanuelli », *L'aide-soignante*, n° 32, décembre 2001.

« SAMU SOCIAL, L'appel à l'aide », *Le Généraliste*, 7 décembre 2001.

VERSINI D., « Des mots pour les sans-voix », Le Figaro, 30 mars 2002.

630648 - Novembre 2015
Achevé d'imprimer par